旅游产业集群发展研究

王全在 游喜喜 肇丹丹／著

中国财政经济出版社

图书在版编目（CIP）数据

旅游产业集群发展研究/王全在，游喜喜，肇丹丹著．—北京：中国财政经济出版社，2013.9

ISBN 978－7－5095－4664－2

Ⅰ.①旅…　Ⅱ.①王…②游…③肇…　Ⅲ.①旅游业发展－研究－中国　Ⅳ.①F592.3

中国版本图书馆CIP数据核字（2013）第164903号

责任编辑：郁东敏　　　　责任校对：徐艳丽
封面设计：田　晗　　　　版式设计：兰　波

中国财政经济出版社 出版
URL：http：//www.cfeph.cn
E－mail：cfeph@cfeph.cn

社址：北京市海淀区阜成路甲28号　邮政编码：100142
营销中心电话：88190406　北京财经书店电话：64033436　84041336
北京厚诚则铭印刷科技有限公司印刷　各地新华书店经销
787×960毫米　16开　12印张　203 000字
2013年9月第1版　2013年9月北京第1次印刷
定价：26.00元
ISBN 978－7－5095－4664－2/F·3780
（图书出现印装问题，本社负责调换）
本社质量投诉电话：88190744
反盗版举报热线：88190492　88190446

前言

20世纪90年代以来，产业集群理论成为重要的区域经济发展理论，受到众多学科的青睐。但是产业集群理论一直多应用于制造业和高技术产业，在旅游业中的应用较少。近几年，随着旅游理论研究的深入和旅游实践的推动，国内外学者开始关注产业集群理论在旅游研究和区域旅游产业发展中的应用。从区域的角度来看，旅游产业客观存在着“产业集聚”和“产业联系”的特征，而且具备专业化分工和较长产业链的旅游地也具备了形成旅游产业集群的条件。用集群的理论和方法展开对旅游产业和旅游目的地的分析，在结合实例的基础上构建旅游产业集群的理论和范式；同时，用旅游产业集群理论指导旅游产业的发展，对目前处于“朝阳时期”的旅游经济可持续发展会起到重要的作用。

本书以理论研究为基础，重视理论与实际的紧密结合，书中多有案例的佐证与分析，在内容的编排上，层层递进，富于逻辑性。本书共设七章：第一章阐述旅游产业集群的动力、效应等基础理论；第二章介绍我国旅游产业集群的发展现状；第三章分析旅游产业集群发展所需具备的要素、条件等；第四章分别阐述旅游产业集群发展的不同模式；第五章讨论旅游产业集群发展的融资策略；第六章探讨旅游产业集群发展的管理机制；第七章构建旅游产业集群发展的政策体系。

本书由内蒙古财经大学王全在、游喜喜、肇丹丹著。著者都具有一定的经济学、旅游学教育背景，在撰写本书的过程中能够遵循旅游经济研究的基本规范。由于旅游产业集群理论属于应用于旅游经济研究的新理论，尚处于探索发展阶段，书中定有诸多不足，望请有关专家、学者多多批评指正。

写书过程中参考了众多专家、学者的文献资料，在此对各位专家、学者表示感谢！并请各位专家、学者对本书多提宝贵意见。

著　者

2013 年 3 月 10 日

目录

目录 Contents

Chapter 2 第二章 旅游产业集群发展概况 /18

Chapter 3 第三章 旅游产业集群的运行 /31

Chapter 5 第五章 旅游集群企业的融资策略 /72

Chapter 1

第一章 绪 论

随着人们收入水平的增加，旅游成了一种日益普及的休闲方式。旅游业的迅速发展，在国内外都有所体现。2011 年，我国共接待入境游客 1. 35 亿人次，实现国际旅游（外汇）收入 484. 64 亿美元，分别比 2010 年增长 1. 2% 和 5. 8%；国内旅游人数 26. 41 亿人次，收入 19 305. 39 亿元人民币，分别比 2010 年增长 13. 2% 和 23. 6%；中国公民出境人数达到 7 025 万人次，比 2010 年增长 22. 4%；旅游业总收入 2. 25 万亿元人民币，比 2010 年增长 20. 1%。在全球范围内，国际旅游组织预测 2020 年全球国际游客将增加到 15 亿人次。美好的发展前景，兼之具备劳动密集、污染少的特点，使旅游业在许多国家和地区政府的产业政策上得到了重视。在国外，用集群理论对旅游业进行研究和政策分析早已不是新鲜事。在我国，许多地区政府也在“十一五”规划中提出了“打造旅游产业集群”的口号。事实证明，旅游产业集群发展的实际成果在某些层面已经超越了理论研究的水平，成为不可回避的发展新趋势，有必要给予足够的重视。

一、旅游产业集群及相关概念

（一）集聚（Agglomeration）

“集聚”一词既是动词又是名词，但区域经济学较多强调其为动态概念，是指集群形成的过程，指同一类型或不同的企业（或产业）及相关支撑机构在一定地域范围内的集中、聚合。它是地域化经济的初级阶段，为集群的发展提供基础。

（二）集群（Cluster）

集群是一种现象，更是一种战略。它指大量专业化的企业（或产业）及相关支撑机构在一定地域范围内的柔性集聚，并结成密集的合作网络，根植于不断创新的社会文化环境。集群是地域化经济的高级阶段，是集聚的可能和理想的发展前景。

（三）产业集群（Industry Cluster）

根据波特教授的定义，产业集群是一组在地理上靠近的相互联系的公司和关联的机构，它们同处或相关于一个特定的产业领域，由于具有共性和互补性而联系在一起。它侧重于观察分析集群中纵横交错的行业联系。“产业集群”揭示了相关产业的联系和合作，从而获得产业竞争优势的现象和机制。广义的产业集群包括基于低成本而创新不足的企业群居现象。鉴于广义的产业集群概念，一般又可以把产业集群分为两类：基于创新的产业集群（即“创新集群”）和基于低成本的产业集群。

（四）旅游业（Tourism）

旅游业是指直接为旅游者在旅游活动中的食、住、行、游、购、娱等活动提供产品和服务的行业的总称。它包括的行业有：旅游饭店业、旅游交通运输业、旅行社业、游览娱乐业、旅游商品经营业等。旅游业中这些行业的经营活动都是直接围绕旅游者的食、住、行、游、购、娱等活动展开的。

（五）旅游产业（Tourism Industry）

旅游产业是指旅游业和为旅游业直接提供物质、文化、信息、人力、智力、管理等服务和支持的行业的总称。旅游产业所包括的行业涉及一次产业、二次产业和三次产业的众多行业。这些行业主要有：第一，旅游业本身所包括的行业，如旅行社、饭店、旅游交通等；第二，为旅游业提供物质支撑的属于一次产业的农业、林业、畜牧业和渔业的相关部分；第三，为旅游业提供物质支撑的属于二次产业的轻工业、重工业和建筑业等部门和行业中的相关部分；第四，属于三次产业中的邮电通讯业、金融业、保险业、公共服务业、卫生体育业、文化艺术业、教育事业、信息咨询服务业等行业中的相关部分，以及国家机关中与旅游相关的部门，如旅游行政管理部门、海关、边检等。

（六）旅游产业集群（Tourism Industry Cluster）

关于旅游产业集群的概念，学术界尚无定论，目前比较常见的论述有以下几例。1999 年南非旅游产业集群文献中指出，旅游产业集群是指地方旅游行为在地理上的集中以及不同层次旅游行为的价值链分组实现。

2001 年，美国蒙大拿州的政府年度经济报告中指出，旅游产业集群是诸多旅游企业的集合体。这些旅游企业能够给旅游者提供某些经历，将旅游者吸引到旅游社区中来。这些经历包括对当地旅游社区的反映、户外的体育运动以及一些特殊的事件。旅游产业对经济的主要影响主要来自于旅游企业为游客提供的餐饮、住宿、特殊装备、衣服及与之相联系的附属产品。上海交通大学的刘恒江博士依据波特教授的产业集群理论，将旅游产业集群界定为：大量与旅游业联系密切的企业以及相关支撑机构在空间上的集聚，并形成强劲、持续的竞争优势。其主体包括：为与旅游业相关的食、住、行、游、购、娱等活动提供产品和服务的企业，如旅游饭店、交通运输、旅行社、游览娱乐、旅游物品经营等；为旅游企业提供物质、文化、信息、人力、智力、管理等服务和支持的企业，如邮电通讯、金融、保险、教育事业、信息咨询服务、国家旅游相关的部门等。此外，有学者用产业集聚和企业集群来定义，从不同层面反映旅游产业集群。如，邓冰认为，旅游产业集聚是指旅游核心吸引物、旅游企业及旅游相关的支持企业和部门，彼此存在密切的经济联系，在一定地域空间内集中并协同发展。旅游产业之间的集聚联系可以是垂直和水平方向的，还可以跨越地理和行政区域，依赖于旅游产业链的所有参与者，形成单一或综合的旅游产品。旅游集聚能提高服务效率，给旅游者提供高品位的旅游体验，从而提升旅游目的地的综合竞争力。尹贻梅、刘志高在《旅游企业集群：提升目的地竞争力新的战略模式》中将旅游企业集群界定为：聚集在一定地域空间的旅游核心吸引物、旅游企业及旅游相关企业和部门，为了共同的目标，建立起紧密的联系，协同工作，提高其竞争力。旅游产业集群不是从地理角度来定义的，它更多地关注特定市场和旅游活动的经济联系。

二、旅游产业集群的特征

旅游业作为国家大力培育扶持的战略性支柱产业，已经在各地呈现出集聚发展的蓬勃态势，产业规模持续扩大。从旅游产业发展的现实现象中，我们可以看到旅游业已经表露出了积聚发展的趋向，旅游产业集群已经形成了相对独立的运行机制与运作规律。作为新兴的产业集群形态，旅游产业集群主要有以下特征：

（一）对旅游资源的强依赖性

旅游资源是旅游产业赖以生存和发展的物质基础。通过对旅游资源的开发与规划，才有了旅游吸引物、旅游经营者和旅游者的出现，最后才有了旅游目的地的发展。所以，旅游资源是旅游产业集群的核心。“旅游目的地是指拥有特定性质旅游资源、具备了一定旅游吸引力、能够吸引一定规模数量的旅游者进行旅游活动的特定区域。”在“客源地——交通连接——目的地”这样一个旅游活动体系中，客源地是游客出发场所，交通连接也只是一个过程环节，都不可能产生旅游产业集聚；而目的地汇集了旅游资源和配套服务设施及运营企业，是旅游者活动最频繁的场所，是整个旅游经济活动的支撑。正是由于旅游目的地所具备的资源特性、资源本底，其才成为旅游产业集聚的发生地。同时，我们知道大部分的旅游资源具有不可移动性，而不同性质、不同品质的旅游资源造成了对旅游者不同的吸引力。倘若拥有了国家级甚至世界级的核心旅游资源则会吸引更多的相关方面的产业投资建设，形成旅游产业集群。这一点与传统非资源依赖型制造产业集群大不相同。许多旅游资源并非自然因素形成，而是人为建造。如一些地方的主题公园、环城游憩带、旅游度假区和著名景点的周围等都可以形成集群。旅游产业集聚现象产生的核心动力是旅游资源优势，这点是不可否认的。旅游产业集群与资源情况密不可分：没有旅游资源的地区就不可能发生旅游产业集聚；只有具备旅游资源的地区才可能形成旅游目的地，才可能产生旅游产业集群。

（二）旅游产业微观企业组织、部门在空间上的聚积性

地域集聚性是任何产业集群的空间特征，诸如美国的硅谷、西雅图，我国台湾的新竹以及浙江温州、广东东莞等地的专业镇等，都表现为相关企业和支持机构的“扎堆”现象。旅游业扎堆现象，在主题公园项目、环城游憩带、旅游度假区和著名景点周围表现尤为突出。“六要素”是指国家旅游局对旅游总收入统计中采用的“饮食”“住宿”“交通”“购物”“游览”“娱乐”六项指标包含的实际内容。旅游业是连接旅游主体（旅游者）和旅游客体（旅游对象）的产业。这样一种产业构造，决定了旅游产业集群是在俗称的吃、住、行、游、购、娱这六大要素的聚积中出现的。具体来说，旅游企业围绕核心吸引物集聚，为游客提供吃、住、行、游、购、娱等需要，外围还围绕着对这些企业起支持作用的供应者和有关组织、团体、机构。不同层次的旅游产业集聚形成结构完整的产业集群，包括产品供应商、客户、销售渠道和专业化的基础设施提供者，并拓展到提供专业的培训、教育、信息、研究等支持的政府和其他机构、组织。旅游产业集群内部包括酒店、餐饮、旅行社、旅游交通、旅游景区以及金融、保险、医疗、建筑、广告、通讯、中介、教育培训、工会组织等直接和间接为旅游者提供服务的支撑层企业和机构。这些企业和机构在地域空间内密集成网，形成区域旅游产业密集网络。从事这六种要素活动的各类企业和机构在同一地区的聚积就形成了旅游产业集聚。六要素之间互为利用，互为供应协作，彼此之间形成互为依靠的循环供应链，旅游产业集聚就会发生。围绕一个旅游目的地为旅游者提供六要素服务引发了旅游产业线，这同产业集聚理论中揭示的供应链实

质十分吻合。产业集聚的实质是供应链集聚。举一个普通的事例进行分析：假设呼和浩特市有一群人想利用周末两天时间游览内蒙古两个5A级旅游景区：成吉思汗陵和响沙湾。他们周六早饭后从呼和浩特出发，沿高速公路经三小时车程到达鄂尔多斯（这首先产生了交通企业提供“行”的服务）；到达鄂尔多斯正值中午，于是品尝鄂尔多斯风味小吃（这就产生了饮食企业提供“吃”的服务）；下午开始游览成吉思汗陵（这就产生了景区经营公司提供“游”的服务）；入夜，入住星级饭店（这就产生了酒店企业提供“住”的服务）；入睡前，他们想体验鄂尔多斯夜生活，就分别去了KTV、桑拿、功夫茶馆、表演厅等场所消遣（这就产生了娱乐企业提供“娱乐”的服务）。次日起，他们游览响沙湾，临别时购买了一些旅游纪念品（这就产生了商品零售企业提供“购”的服务），然后返回呼和浩特结束了旅程。如果游客为了省事、省心，选择旅行社，则又产生了一个安排联系的综合型服务供应。从这个普通事例的描绘中可以看到，游客对鄂尔多斯的出游，产生了六要素的需求；为满足这种需求，就产生了相关六要素企业的聚积。这些企业在鄂尔多斯形成了一个你中有我、我中有你的协作网络。这正是实质意义上的服务产品供应链，也是旅游产业集群的功能体现。

（三）集群内微观企业组织之间的经济关联性显著

“为了满足旅游者的旅游消费需求，由旅游目的地、旅游客源地以及两地之间的连接体的企业、组织和个人，通过各种形式的结合，便形成了旅游生产和旅游服务的有机整体，这个有机整体即旅游产业。”旅游产业内大量企业在旅游目的地的集中，能很快形成区域旅游规模经济效应。旅游企业及其支持系统在地理上的集聚，会形成集聚经济。集聚经济源于各种相关经济活动集中而带来的效益。旅游产业集群是一种区域旅游发展战略，市场的、技术的、与竞争有关的信息有可能在区域内大量汇集并迅速传递，政府和其他公共机构会大量投入资金改善基础设施和公共服务，吸引大量相关旅游配套资本跟进。产业集聚的实质是供应链集聚。旅游集聚区内可以自然形成巨大的旅游专业化市场，聚集旅游关联性供应商，提高区域内对旅游供应商的谈判能力，降低企业交易成本，提高企业经营活动的正外部性，促进区域旅游生产率的提高；同时，降低旅游供应商的违约风险，有助于企业克服市场的交易分散性和不确定性，提高旅游目的地就业率。旅游产业集群对旅游专业技术员工而言，也意味着更多的就业机会、较低的流动风险和由此带来的人才集聚。因此，产业集群通过集聚效应，利用企业间互补与协作降低企业交易成本，提高企业效益，并促进经济增长。旅游产业集聚具有天然的经济关联性，能够促进旅游产业的高效运行，产生巨大经济效益。深圳华侨城控股公司对迪斯尼乐园以往的案例研究表明，主题公园的集聚可以强化主题公园的市场认知度，激发人们对主题公园或者主题娱乐产品的需求。建设不同级别的主题公园，或者用主题公园的手法开发经营主题景区景点，可以满足不同层次的市场需求并创造契机。

（四）集群中旅游相关企业组织具有协同竞争性

旅游产业集聚能提高区域竞争能力。正如生物的种群一样，竞争在集群内的企业之间普遍存在，并使旅游企业个体始终保持足够的发展动力和高度的灵敏性，使旅游产业内部分工更加专业化、服务质量更加标准化。合作使旅游企业间形成的产业链更加紧密。竞争对手的存在迫使旅游企业不断采用新技术，创新旅游产品，改进旅游服务，树立旅游品牌。这一切又促使企业在更高的层面竞争，在激烈竞争中发展壮大或者被淘汰。与此同时，旅游产业集群内部企业间的竞争不单单是你死我活的关系，更大意义上来说是为了共同目标而相互协作的伙伴。旅游产业集群中各个部门、行业都在空间地域上表现为部门之间、行业之间的分工与协作。从需求角度来说，旅游产业集群内部就能为旅游者提供全部旅游产品及相关服务。从微观角度来看，每个企业只提供整个旅游活动中某一个环节或某部分的旅游产品或旅游服务。例如餐饮业、饭店业、旅行社业、旅游交通运输业、旅游零售商和旅游景点分别为旅游者提供吃、住、行、游、购、娱等不同种类的专业化服务。同时，集群内各个成员之间相互依赖，任何一个成员提供的优质或劣质的产品和服务都会促进或阻碍其他成员的成功。协作性的表现形式众多，最显著的则是满足顾客需求方面的相互协作。旅游产业集聚为区域内旅游企业的竞争和合作提供了双重机会，各要素企业的联动发展客观上又加快了旅游目的地打造品牌产品形象的过程。因而，旅游产业集聚又是一个企业共生体。它将专业化分工协作性和竞争性作为一个统一的整体，使旅游产业集群内的产业结构在竞争与合作中优化，从而提高旅游目的地的竞争力。

（五）产业集群内的生产与消费同一性

“旅游生产与消费的同一性，即旅游生产与消费在时间上与空间上是不可分离的”。“旅游产品作为服务性产品的一大特征，就是生产与消费的高度同一性，即旅游者必须进入旅游目的地开始消费时，旅游产品才开始出现，而旅游消费也同时进行。一旦旅游者离开旅游目的地，则旅游生产与消费也立即终止。”在旅游产品的众多特质中，“产销同一性”显得十分突出。与物质生产不同，旅游生产的结果不是一种有形的产品，而是一种与旅游者相结合的活动，人们对旅游服务的需求不能通过“服务”的空间运输，从旅游目的地向客源地的转移来实现，而必须通过活动主体——旅游者的空间移动，由客源地向旅游目的地的空间移动来完成。罗佳明（1999）《旅游经济管理概论》认为：“旅游者的消费过程就是旅游产品的生产过程。旅游产品的生产、交换和消费在时间和空间上都是统一的。它们同时产生，同时终止。”旅游相关六要素企业必然要在同一个旅游目的地聚集，并且相互协作，达到关联互促效应。

（六）区域创新性

旅游产业集群之所以具有竞争优势和持续发展能力，其根本原因是集聚的创新能力。旅游产业集聚中的创新虽然不如制造业中的创新明显，但是旅游产业的创新范围更广、更多元化。旅游产业集群的创新方式不仅包括技术创新、管理创新、组织创新等思想方面的创新，还包括产品设计、生产、营销等实践活动方面的创新。这些创新方式都是以完善、深化、细化旅游产品价值链的方式为依据的。旅游产品和服务的价值链较长，不仅包含为游客提供吃、住、行、游、购、娱等多方面的产品和服务，而且延伸到会展、商业、工业、农业等行业。因此，较长的产品价值链扩宽了创新的方式。从供给角度来讲，随着旅游产业不断发展壮大，会有更多相关原材料和服务供应商在此聚集，使得旅游企业更加容易获取创新所需的材料及服务。从需求角度来讲，强大的旅游市场需求让旅游相关企业和机构更容易发现旅游产品及旅游服务的市场缺口，进而能够产生强烈的创新需求，而创新所需要的人力资源、财政资源和物力资源都能在集群内得到解决。同时，区域旅游产业加速集聚也吸引了一大批具有相关专业技能的员工，无形中就形成了一个专业化的人才市场，使得旅游企业很容易找到所需要的专业人才，降低了搜寻成本。此外，企业的聚积性不仅加强了显性知识的有效传播和共享，还加强了隐性经验类知识的有效传播和共享。旅游行业本身是一个十分重视从业经验和实际操作的行业，隐性知识的交流和传播更能够激发对新方法和新思想的应用，促进旅游产业集群内部创新活动的开展。

（七）发展环境共享性

旅游企业在一定地域内的高度集中，吸引了大量服务供应商和专业人才，降低了使用专业性、辅助性服务和信用机制的交易成本。专业人才的流动和知识外溢效应可以促进旅游企业的创新。同时，由于大量旅游产品的区域整合集中，可以迅速扩大旅游目的地的影响，提升旅游目的地的区域竞争力，形成区域品牌。旅游产业集群的高效运行、产业集群品牌影响力的不断增强等，都将使区域旅游产业集群成为集群内部微观企业组织、部门的共生环境。集群的发展必然为集群内要素企业、组织提供优越的软、硬环境支撑。

三、旅游产业集群的动力与效应

（一）旅游产业集群的动力

1. 旅游产业集群可以将微观旅游企业有效联系、组织起来，以摆脱中小型旅游企业作用日益显著但却彼此孤立的困境；同时，能够更好地解决游客需求精致化的问题。Marina Novelli 指出，在旅客需求越来越多样化、精致化、专业化的今天，中小企业在提供独特旅游产品和服务方面发挥的作用也日益显著。在世界范围内中小企业是旅游业的生命线。然而，小企业在全球化的时代难以与大企业竞争。小企业的劣势不在于“小”，而在于孤立。旅游产业集群是一种改善旅游业中小企业竞争力，进而提高旅游业竞争力的方式。Marina Novelli 介绍了英国的经验。英国 Brighton University 的旅游政策研究中心（Center for Tourism Policy Studies）和英格兰东南发展局（South East England Development Agency）在 East Sussex 发起了“健康生活游”计划，采用集群理念将各种资源整合在一起，促进中小企业的合作互动，提升这个地区旅游产业的国际竞争力。私营小企业主集中起来寻找解决区域旅游竞争力难题（比如某沿海地区退化、乡村景观趋同）的根本之策。通过在住宿、饭店、城市、乡村、沿海的户内外活动提供者，零售商店、交通公司、运动和休闲提供商、地方政府等行为主体之间建立网络（工作平台和会议），共享基础设施（集群成员和大学的培训设施的共享），知识扩散（不同领域的专家的合作），经验分享（具体的经验）等，提高这些中小企业的绩效和生产率，促进服务和产品创新，满足游客的多样化要求，增加就业。与此同时，通过集群发展旅游业，将使具有类似特征的地区没有办法模仿。

2. 旅游产业集群发展方式是解决自然资源型旅游目的地环境保护问题的有效途径。旅游目的地核心吸引力有不同来源。一些目的地的优势在于具有文化、历史背景的人造景观，或者现代的主题公园。另一些目的地的吸引力则来自沙滩、湖泊、森林、山川等自然景观。自然资源的观光旅游是国际旅游业中快速成长的环节，是自然资源型旅游目的地的基础。这类目的地的竞争主要取决于不同目的地自然资源的品质。因此，自然资源型目的地的旅游企业对保护自然环境有强烈的要求。然而，自然环境具有公共物品的特征，导致企业间并不必然要合作。自然资源型旅游目的地环境保护的潜在收益不会自动引导个体企业在环境保护上合作。“公地悲剧”是旅游资源管理中常常遇到的问题，但在某些情况下，这种问题是有办法解决的。政府在环境保护上的立法和管制是一种办法。然而，政府管制往往是在环境问题非常严重的情况下，不得不采取的事后行为。企业被迫接受政府的环境保护规定。如果能够提供一种企业就环境保护进行合作的有效机制，环境保护的目标就不必仰仗于政府。这种合作机制形成了一种环境改善与企业合作间的良性循环，具有事前预防效果。强调企业间互动与合作的旅游产业集群理论恰为这种机制提供了一种可选思路。

3. 旅游产业集群发展是旅游相关行业内技术、信息等扩散传播的必然要求。可能正如 Porter 所言：“所有的产业都可以是知识密集型的。” Fitzgerald Yaw 对加勒比海四个国家的旅馆清洁技术进行了研究。旅游业的可持续发展要求旅游业在发展的同时也要防止环境退化。因此，清洁技术在旅游业的可持续发展上就有积极影响。他举出了旅馆中的一些清洁技术：安装节能灯和荧光灯，用废水灌溉草地，将残食加工成肥料，采用风扇而不是空调，分离玻璃和塑料废物以便回收，在走廊中用光电灯，利用太阳能加热水装置，不用聚苯乙烯盒子和颜料盘子等。进一步，他用问卷分析了旅馆在清洁技术上的应用，发现 65% 的应用清洁技术的旅馆通过参加会议、相互参观等方式交流彼此在应用清洁技术上的信息。这与集群强调的企业相互交流、共享信息是一致的。另外，4 个国家的政府和旅游业协会也积极鼓励旅馆应用清洁技术。可见，政府和协会等机构在旅游业的技术推广上也发挥着重要作用。因此，政府和协会也可能成为基于技术推广而形成的旅游产业集群的一部分。

4. 旅游业的强关联性是旅游产业集群形成的基础。旅游业是一个上下游关联性强的产业。以某些核心旅游资源为依托，周边的旅行社、餐饮、酒店、健身馆、纪念品商店和休闲运动设施等相关的企业会易于聚集。旅游相关企业集聚的特点来自于旅客需求的多样性。传统的以单一目的为特征的旅游形式越来越被具有多样化体验的旅游形式所代替。人们出游的目的不仅是为了游山玩水，而是希望出游过程中的吃、住、行、游、购、娱等一系列活动都得到最大限度的满足。游客需求的多样化对于旅游业相关企业的集聚也提出了要求。

5. 旅游产业的特性决定了其走集群化发展道路是必然的。旅游产业的集聚是由其产业特性决定的。一是旅游产品生产过程的垂直分离。旅游产品的生产本身是可以垂直分离的，由生产工艺和流程完全不同的行业提供。但是旅游产品的消费却是“一揽子”性质的，需要各旅游行业同时提供。二是旅游核心产品的不可移动性。旅游产品的核心是满足旅游需求的旅游吸引物，而旅游吸引物的不可移动性决定了旅游者必须移动到吸引物所在地即旅游地，旅游产业的大部分行业只能在旅游地产生。三是旅游产品消费时间的有限性。旅游者旅游时间是有限的，在有限的时间里，旅游产品的边际效用决定着消费者对该产品的接受程度和消费量。如果旅游者在旅游地消费完整的旅游产品需要太长的时间和精力，则旅游地对于旅游者的边际效用就会降低，旅游者就会取消消费活动，这也就决定了旅游产业各行业必须集中分布以节省旅游者的消费时间，出售产品。四是旅游产品的不可存储性。这决定了集群是一种经济发展的思路。企业、政府、协会、大学等所有地方行为主体应精诚合作，锐意进取。旅游产业的特性无影无形，却又实实在在，主宰着一方的兴衰成败。这正是集群的魅力所在。旅游消费的特性决定了企业必须在旅游者集中消费的时间和地点为旅游者提供旅游产品，必须接近旅游者集聚的消费市场，这个消费市场也就是能满足旅游者各种需求的旅游产业的集聚地。旅游产业的上述特性决定了旅游企业必须是同时同地为旅游者提供旅游产品，即旅游企业必须集中分布，使旅游产业具有天然的集聚特性，这与制造业有根本区别。

6. 旅游产业集群的外部经济效应是促进其进一步集群化发展的内生动力。外部经济包括外部规模经济和外部范围经济。外部规模经济是指单位产品成本取决于行业规模而非单个厂商的规模；外部范围经济是指企业因专业化分工深化而从区域事业领域或经营领域的多样化拓展中获得的经济利益。当社会分工高度发达，市场不确定性增加，企业不能有效获得内部范围经济时，生产系统就会出现水平分离。单个企业生产专业化，多个企业分工协作，形成地方生产系统，从相互集聚中实现外部范围经济。因此，这种集聚的范围经济主要来源于企业由交易活动连接起来的产业间的相乘效果以及经营领域广泛所带来的外部经济。马歇尔认为外部规模经济有三种形式：市场规模扩大的外部性、劳动力供给市场和信息交流与技术扩散。而外部范围经济一般源于交易费用。斯科特将新制度经济学提出并发展起来的交易成本赋予“空间”意义，认为交易成本在生产过程空间纵向分解或纵向一体化中起着决定性作用，因为生产过程在空间上的纵向分解导致交易费用增加，而相关的厂商或企业通过空间聚集可以减少交易费用，从而享受范围经济效益。斯科特对范围经济的理解更多地是从交易成本角度，实际上范围经济更一般的内涵是生产或交易上关联企业之间的一种协同效应。张文忠认为，外部经济也是服务业企业集聚的原因之一，提出服务业在空间上的集聚主要是追求企业间商务交流和合作的便利性和互补性，以及高度熟练的劳动力市场；同时受外部经济利益和减少不确定性因素的影响，有利于收集、交流情报和信息，准确而迅速地掌握同行业和相关行业的经营动态。Julie Jackson 和 Peter Murphy 指出了外部经济对于旅游企业集聚的影响，认为旅游企业集聚是为了能获得重要的企业联系、互补以及技术、技能、信息、市场和跨企业的顾客需求的外溢。旅游企业的初始集聚首先是为了靠近旅游需求市场，或者是在旅游吸引物附近，或者是在旅游集散地和依托地，可以直接面对旅游者销售产品和服务，因为旅游者更喜欢在企业集聚的区位中寻求大量具有较大差异的服务，旅游目的地的企业就能从互相接近的区位中获得更大的收益。其次，通过集聚可以获得降低公共基础设施的使用成本或分摊费用，共享劳动力市场，获得市场和行业信息等外部规模经济效应。最后，企业集聚可以分享不同产业链上不同行业多样化经营带来的外部范围经济。由于旅游产业链上核心行业间并没有投入产出的物质交易和贸易联系，因此，旅游企业所得到的外部范围经济主要是旅游各行业的互相依赖和由此带来的“荣辱与共”的连锁效应或品牌效应。某一行业的企业效益除了依赖于自身的经营和本行业的规模外，还严重依赖于其他行业产品和服务的质量。当产业链中某一环节的需求增加，那么其他环节产品的需求也会随之增加，从而带动整个集群内的需求。在旅游开发初期，出于分享这种外部经济的目的，企业不仅倾向于在地理上靠近，而且还会主动通过集聚与互补企业合作，使集群内不同类企业个体的利益紧密联系在一起。2003 年经合组织在瑞典召开的“旅游与创新”会议概要上提到：旅游产业大部分是由中小型企业（SMEs）主导的，为了在日益增加的竞争和全球环境中生存，旅游企业尤其是小企业，必须通过集聚获得规模经济和范围经济以缩减交易成本，提高生产率，获得市场能力。来源于规模经济和范围经济的利益将继续在旅游业产业重组和创新中成为重要驱动力。

（二）旅游产业集群的效应

旅游产业集群的效应，是指旅游企业在特定地域空间集聚、扩张，对区域经济的发展所产生的影响。

1. 扩大市场规模，推动多层面创新。大量旅游企业在同一地区集聚，相互借力，在人们心目中营造突出的旅游形象，最终形成鲜明的品牌形象，并通过品牌的力量拉动市场规模的不断扩大。通过集聚区内众多旅游企业各自建立的域外网络，整个旅游区的辐射面会更广，能吸引更多的客源。旅游产业集群发展有助于建立创新机制。“新、奇、特”是旅游产品的灵魂，创意和创新是旅游企业占领市场制高点的关键。创新需要企业间的相互合作和竞争。在旅游产业集群内迫于同行竞争压力，旅游企业可能会表现出强烈的创新欲望，使得旅游产品开发、营销手段、管理方式都有可能产生突破。此外，旅游产业集群内可能存在的某些旅游策划与教育科研机构，也为创新提供了条件。

2. 实现规模经济。梁小萌指出，产业集聚不仅能使企业获得外部规模经济，而且也有助于企业实现内部规模经济。一方面，产业集聚使企业获得外部规模经济效益，增强了竞争优势，有助于实现内部扩张；另一方面，集聚在同一区域的企业，出于对同一产业“食物链”的依赖，容易实现企业联合，实现外部扩张。如福州旅游市场中旅行社业竞争十分激烈，2001 年 3 月，福建省中国旅行社、福建省旅游公司、福建省海外旅游公司、福建省康辉旅行社四家实力强的旅行社联合包下中国联合航空公司 80% 的机位，不仅获得了很好的市场业绩，还增加了中国联合航空公司在这条航线的年营业额。此外，由于这 4 家旅行社强力运作炒热了北京旅游市场，业务量急剧上升，其他航空公司和众多旅行社在这条线路上的获利也跟着增长。

3. 增强相互间的信任，构建非正式交流的良好环境。旅游企业家通过心意与心意的接触，交换信息，交流感情，传递意念或企图，从而建立起较高的信任度。相关近邻旅游企业间的相互信任对降低生产成本、避免风险、提高效率有明显作用。旅游产业集群的空间聚集性自然缩短了企业间的空间距离，提高了企业与企业沟通的机会与效果，为营造和谐、有序、健康的产业运行环境提供了动力。非正式交流是会意知识传播的重要途径。会意知识（或称“静默知识”）是在实践中领悟并通过直觉思维洞察形成的知识，是难以从书本、说明书或正规教育中获得的。旅游企业经营管理中存在大量会意知识，如旅游市场前景的判断、旅游市场的开拓、最新旅游产品的设计思路、与异地供应商合作网络的建立等，都包含了这类知识。通过交流，旅游经营者可以根据旅游市场变化，提高经营策略的灵活性。

4. 产生极强的互动关联效应。旅游企业间的合作共生会产生极强的关联效应，这种效应使得集聚区成为区域经济的增长极，不仅带动旅游经济，还可能成为区域经济发展的催化剂。在我国，无锡唐城、欧洲城、三国城三座主题公园依托负有盛名的太湖风景区，也使无锡太湖风景区焕发了新的活力，带动了当地旅游交通、餐饮、娱乐、住宿等大批中小企业的发展，旅游产业内部之间形成互动局面。美国佛罗里达州的奥兰多，因为旅游企业集聚的带动，不到30年时间，就从一个仅10多万人口的小镇发展成130多万人口的大城市。

5. 降低经营成本。通过有形的地理集中，降低了集群内旅游企业之间信息的搜寻成本、合约的谈判和执行成本等。以旅游业的龙头企业——旅行社为例。当地众多的旅游企业为其就近建立一个完善的旅游服务供给网络提供了极大的便利。在其他因素维持不变的情况下，经营成本的下降意味着利润水平的提升，而利润水平的上升必然激励更多的社会资本进入，从而推动旅游产业集群的进一步发展壮大，实现良性循环。

6. 提供旅游专门人才市场。虽然获取大量专业人才可能不是旅游企业集中的初衷，但旅游产业集聚区无疑会成为区域内旅游专业人才的汇集地。此外，集聚区发展到一定规模，会催生旅游培训机构或旅游教育机构，获取人才的时间和成本也会降低。

Chapter 2

第二章
旅游产业集群发展概况

一、我国旅游产业发展概况

当今世界旅游业迅猛发展，20 世纪 90 年代初就超过石油工业和汽车工业，成为世界第一大产业。据世界旅游组织统计，旅游业经济总量已占到全球 GDP 的 10% 以上，就业人数占全球就业总数的 8% 以上。进入大众化和全球化旅游时代以来，旅游业日益成为国民经济的重要支柱产业，成为国民的基本生活方式，成为现代经济和社会发展的重要标志。

世界各国越来越重视旅游业发展，美国、法国、西班牙等发达国家都把大力发展旅游业作为重要战略，日本更是响亮地提出了“观光立国”战略，韩国也提出了“全体国民观光职业化，全部国土观光资源化，观光设施国际标准化”的口号。随着我国出境旅游人数的快速增加，我国港澳台地区及世界许多国家都把争取旅游客源作为拉动经济发展的重要手段，采取了许多吸引措施。在应对国际金融危机中，不少国家也把发展振兴旅游业作为拉动经济增长的重要举措，制定了相应的发展计划。美国制定旅游促进法，设立旅游促进基金，以带动经济增长；西班牙政府通过旅游促进计划，决定每年投入 15 亿欧元用于促进旅游业发展；韩国提出到 2012 年访韩游客达到 1 000 万人次，实现韩国成为旅游先进国家的目标。

随着我国经济快速发展、城乡居民收入不断提高和闲暇时间大量增加，旅游消费进入一个快速发展的新阶段。我国已经成为世界上继美国、西班牙、法国之后第四大入境旅游接待国、亚洲最大的出境旅游客源国，正在形成世界上最大的国内旅游市场。全国许多地方都把旅游业作为经济发展的重要支柱产业或优势产业，提出建设“旅游大省”“旅游强省”的目标。

旅游业作为快速发展的现代服务业，产业关联度高，就业带动力强，覆盖范围广，消费潜力大，在国民经济中占有越来越重要的地位。我国旅游增加值已占到 GDP 的 4% 以上，旅游业直接从业人数有 1 000 万人以上，间接从业人数达到 5 000 万人。旅游业已经成为我国新的经济增长点。加快发展旅游业，对扩大内需、培育新的消费热点，对拉动经济增长、扩大社会就业，对调整经济结构、转变发展方式、提高我国的综合国力和国际竞争力，都具有非常重要的意义。“十一五”期间，我国旅游业全面完成了发展目标，国际国内消费需求稳定增长，产业规模持续扩大，产业结构逐步优化，产业素质明显提升，产业功能有效释放，为进一步建设世界旅游强国打下坚实基础。在应对各种危机和挑战的过程中，政府在旅游领域的危机应对能力和宏观调控能力也得到了检验和提升。

（一）旅游业扩大消费、拉动内需的作用更加突出

“十一五”期间，我国旅游业先后迎来了 2008 年北京奥运会、2009 年新中国成立 60 周年、2010 年世博会和亚运会等盛事，同时也遭遇了汶川特大地震、国际金融危机、甲型 H1N1 流感等众多不利因素的冲击。我国旅游

业抓住了发展机遇，表现出较强的产业适应能力和宏观调控能力，在产业发展的诸多方面取得了重要突破。2009 年，是我国旅游业特别是入境旅游经受严峻考验和挑战的一年。全国旅游行业化挑战为机遇，保持了旅游业总体平稳较快增长，全年共接待入境游客 1.26 亿人次，实现国际旅游（外汇）收入 396.75 亿美元，分别比 2008 年下降 2.7% 和 2.9%；国内旅游人数 19.02 亿人次，收入 10 183.69 亿元人民币，分别比 2008 年增长 11.1% 和 16.4%；中国公民出境人数达到 4 765.63 万人次，比 2008 年增长 4.0%；旅游业总收入 1.29 万亿元人民币，比 2008 年增长 11.3%（见图 1－1 及图 1－2）。

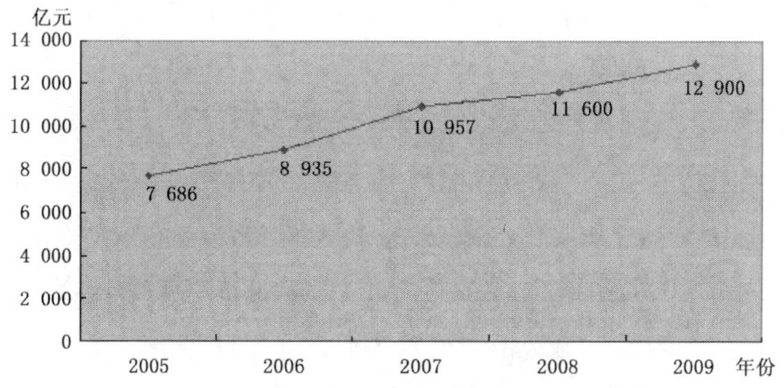

图 1－1　2005～2009 年旅游总收入

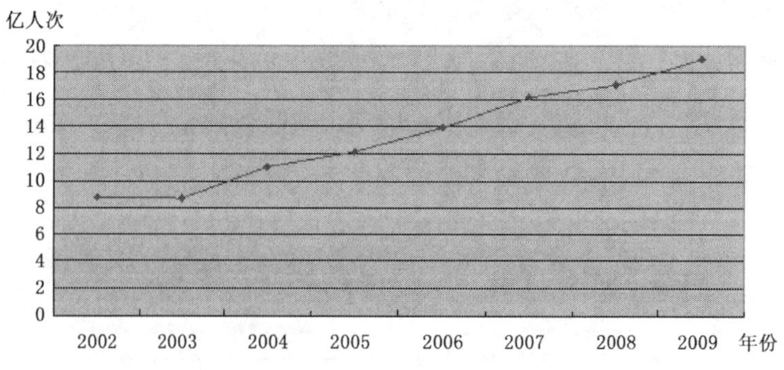

图 1－2　2002～2009 年国内旅游人数

（二）旅游业在服务贸易和对外交往中的地位显著增强

近年来，我国出境和入境旅游均取得了新的进展（见图 1－3～图 1－10）。2006～2009 年，我国入境过夜旅游人数、旅游外汇收入先后进入世界前 5 位；出境旅游人数稳居亚洲最大的客源国地位，并成为全球出境旅游增长最快的国家之一。截止到 2010 年年底，经国务院批准的中国公民出境游目的地国家和地区总数达到 140 个。我国与美国、俄罗斯、欧盟、东盟、日本、韩国等国多边及双边合作取得了较大进展，初步形成了有效的工作方式和运行机制。我国出入境旅游在发挥民间外交功能、促进服务贸易等方面取得重要进展，全面融入世界旅游发展的新格局。我国在国际旅游业发展事务中的影响和地位进一步增强，世界旅游大国地位更加突出，建设世界旅游强国的基础进一步加强。目前，我国入境旅游增长速度在全球居于前列。2009 年，全球国际旅游人数下降 4%，我国货物出口下降 16%，同期我国入境旅游人数下降仅 2.7 个百分点。

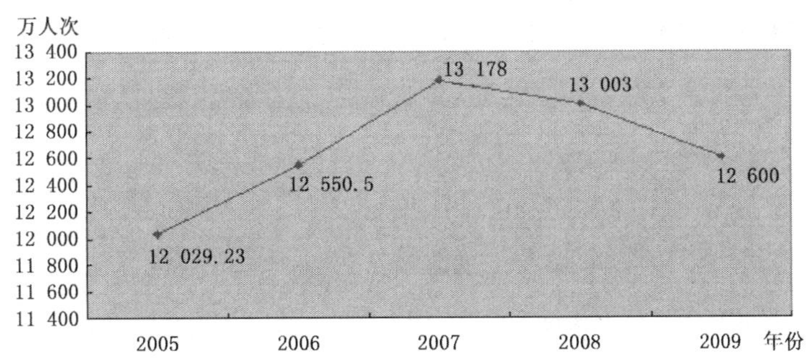

图 1－3　2005～2009 年入境旅游人数

快速稳健发展的出境旅游也彰显了中国旅游大国的积极形象。2009 年，我国公民出境旅游市场继续快速发展，旅游目的地不断增加，其中赴台游发展迅猛。2009 年，我国公民出境人数达到 4 765.63 万人次，比 2008 年增长 4.0%。其中，因公出境人数 544.66 万人次，比 2008 年下降 4.7%；因私出境人数 4 220.97 万人次，比 2008 年增长 5.2%。出境第一站按人数排序，

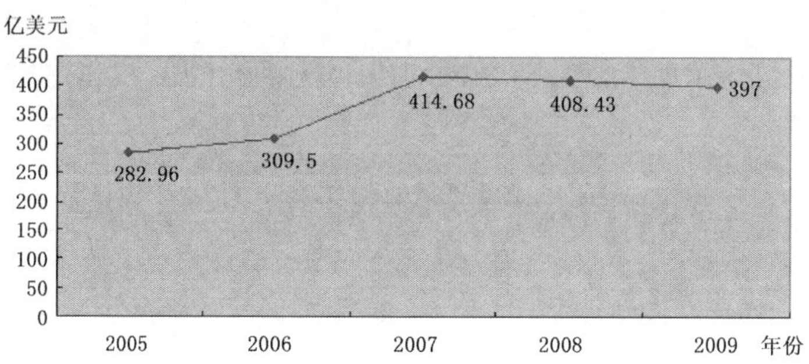

图 1－4 2005～2009 年入境旅游外汇收入

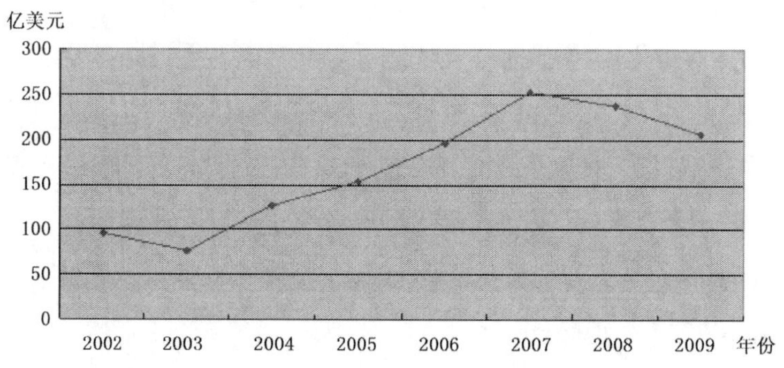

图 1－5 2002～2009 年外国人入境旅游外汇收入

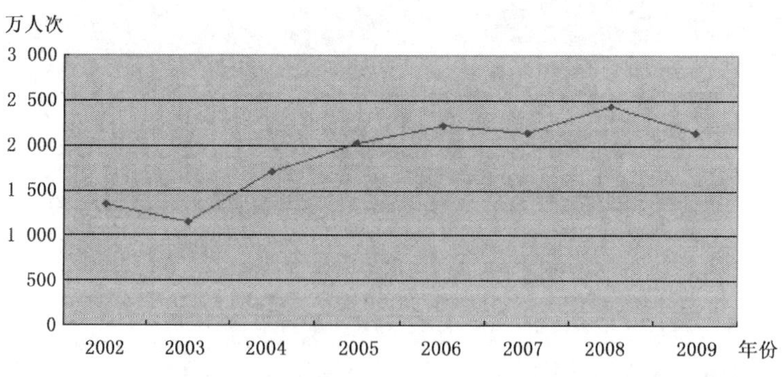

图 1－6 2002～2009 年外国人入境旅游人数

列前十位的国家和地区依次是：中国香港、中国澳门、日本、韩国、越南、中国台湾、美国、俄罗斯、新加坡和泰国。亚洲第一大出境旅游大国地位更加巩固。出境旅游的目的地接待质量和出境游客的安全保障机制进一步改

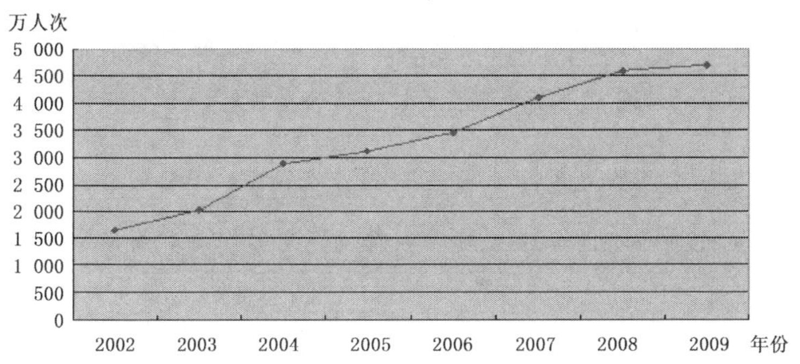

图1－7　2002～2009年出境旅游人数

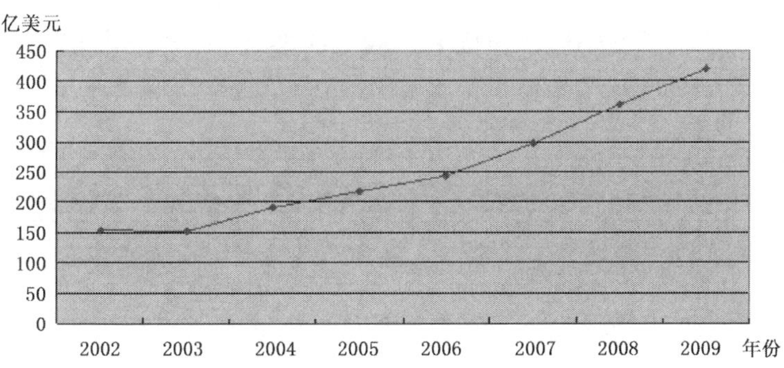

图1－8　2002～2009年出境旅游消费

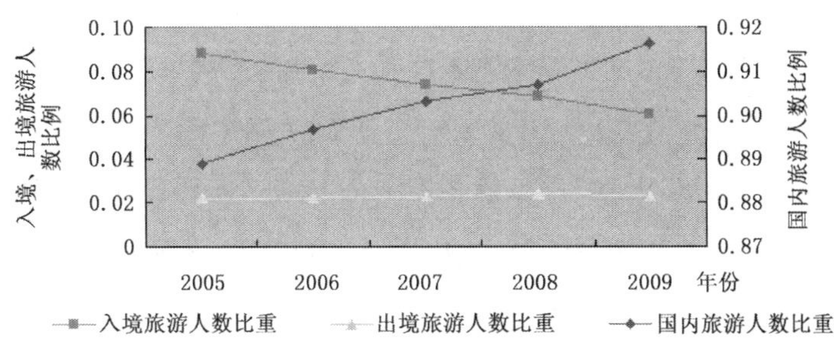

图1－9　2005～2009年三大市场人数结构

善，为中国旅游产业的国际化战略奠定了有利的市场基础。在金融危机期间，我国出入境旅游市场成为全球旅游市场走出低谷的重要力量，赢得了国际旅游业界的好评。

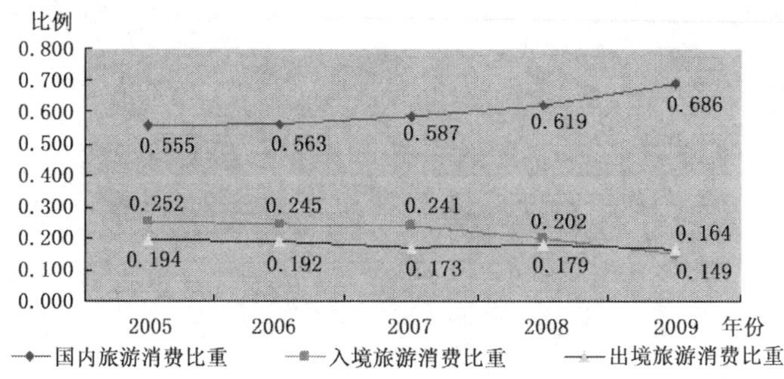

图1-10　2005~2009年三大市场消费结构

（三）旅游产业发展的体制与机制逐步完善，发展合力稳步增强

目前，我国旅游业已经形成了“政府引导、部门联动、条块结合、分类指导”的大产业综合推进的发展格局。

1. 地方政府主导旅游业发展格局形成。近年来各省区市对旅游业发展高度重视，纷纷出台促进旅游业发展的政策，制定关于旅游业发展的地方性法规及政府规章，加大了政策引导力度，为旅游业发展营造了良好的政策环境和法制环境。地方政府还进一步强化了对旅游业发展的主导作用。如海南建设国际旅游岛，广东推出国民休闲计划，云南实施旅游二次创业，河北建设环京津休闲度假带，江苏、浙江等地发放旅游消费券，海南和北京成立旅游委员会，天津发展旅游装备制造业，山东打造“好客山东”的旅游品牌，张家界建设世界精品旅游目的地，承德等多个城市建设国际旅游城市等，极大地推动了当地旅游业的发展。目前，全国有27个省区市把旅游业作为支柱产业或第三产业的龙头。

2. 旅游部门的横向、纵向合作力度进一步增强，形成了常态化的工作机制。旅游部门与文化、农业、商业、工业、体育、环保、林业、气象、金融等部门合作更加紧密，旅游产业与文化产业、体育产业等相关产业融合不断深化，形成了旅游产业融合发展的大格局。局省合作机制取得明显成效。

"十一五"期间，国家旅游局先后与安徽、吉林、广东、湖北、浙江、江苏、湖南、山东、云南、重庆、陕西、宁夏、四川、天津、广西、河南、河北、深圳18个省区市签订旅游合作备忘录或合作协议，条块结合、分类指导，有力推动了地方旅游业发展。

3. 区域旅游合作方兴未艾。长江三角洲、珠江三角洲、环渤海经济区、长江沿线、丝绸之路等旅游区域依托中心城市展开了联合宣传推广、旅游线路对接、促进要素流动、规范市场管理等多层次、各具特色的区域合作。区域旅游发展格局渐趋成熟，无障碍旅游区和跨区域旅游合作已成为旅游业发展方向的重要模式。旅游成为大陆与港澳台的经贸桥梁、文化纽带和交流合作先行者，大陆与港澳台旅游交流与合作更为密切，内地居民赴港、澳旅游健康发展，大陆居民赴台旅游有序推进，CEPA与ECFA协议有关旅游政策不断落实。

（四）旅游产业体系逐步健全，产业竞争力进一步提升

"十一五"期间，我国旅游产品转型初步实现，逐渐从观光旅游占绝对主体地位转向观光、度假休闲和专项旅游协调发展。旅游市场化程度不断提高，初步培育了中国港中旅集团、中国国旅集团、中青旅集团、华侨城集团、首都旅游集团、锦江旅游集团、岭南国际集团、开元旅业集团、春秋旅游集团、携程集团、如家酒店集团、七天酒店集团等一批有竞争力的大型旅游集团和旅游知名企业。新型旅游业态蓬勃发展，旅游市场主体的企业活力和产业竞争力进一步增强。旅游投融资体系不断完善，境内外上市成为新兴旅游企业的重要融资渠道和发展平台，社会资金以更大力度介入旅游业发展，有力推动了旅游产业的市场化进程。

旅游科技创新和人才队伍建设得到进一步增强。旅游信息化建设进展顺利，旅游电子商务、电子政务得到了较大发展，初步建立起一批旅游电子运营商、数字旅游城市和数字景区。强化了与教育部门、人力资源与社会保障部门的合作，进一步提升了我国旅游行政管理人才、企业经营人才和专业技

术人才队伍的整体素质。

尽管我国旅游业发展取得了巨大成绩，但是与“国民经济战略性支柱产业和人民群众更加满意的现代服务业”两大战略目标相比，和建设世界旅游强国的目标相比，还存在较大差距：入境旅游市场增长的稳定性需要进一步巩固，旅游业发展方式比较粗放，体制机制相对滞后，法制环境尚需完善，市场秩序不够规范，人才科技支撑不足等，都需要在进一步的发展中加以解决。从保障条件来看，财政导向投入尚需要进一步增加，公共保障体系有待于更加健全，基础设施和公共服务设施还不尽完善，缺乏有力的产业发展协调机制和宏观调控手段等，也在不同程度上影响我国了旅游业的健康发展。

二、我国旅游产业集群发展态势

（一）地方政府大力推进旅游产业集群的发展

尽管旅游产业集群在学术上的讨论未有定音，而我国各地政府早已开始将集群纳入旅游产业的发展政策之中。2003 年，Porter 分析了 South Carolina 的竞争力，指出旅游集群是对 South Carolina 有重要影响的四个集群之一。在国内，一些省市早已将打造旅游产业集群写入“十一五”规划中。

下面是几个省市“十一五”规划纲要中关于“旅游产业集群”的表述。

福建省公布的“十一五”规划纲要中，明确提出了“建设旅游产业集群”的目标：统筹开发建设结构合理、功能齐全的四大旅游产业集群，即以武夷山世界自然和文化遗产、泰宁世界地质公园、茫荡山—延平湖、将乐玉华洞、永安桃源洞及邵武和平古镇等旅游景点景区为重点，打造以武夷山为中心的闽北旅游产业集群；以福州昙石山文化遗址、三坊七巷、船政文化、莆田妈祖文化、九鲤湖、宁德白水洋、畲族风情、太姥山、三都澳等旅游景点景区为重点，打造以福州为中心的闽东旅游产业集群；以厦门鼓浪屿、香山国际游艇码头、泉州海丝文化、崇武旅游度假区、漳州滨海火山、赵家堡、花博园、东山旅游度假区等景点景区为重点，打造闽南旅游产业集群；以冠豸山、古田会址、长汀历史文化名城、福建土楼等红色文化、客家文化旅游等景点景区为重点，打造以龙岩为中心的闽西旅游产业集群。

河南省“十一五”旅游产业发展规划纲要中，也提到了“旅游产业集群”的概念。“十一五”期间，要以优势突出的旅游重点景区和旅游景点密集区为依托，大力发展十大旅游产业集群：（1）嵩山旅游产业集群。以嵩山自然景观和武术文化、宗教文化为核心，推进武术培训展演、观光游览、科学考古、文艺演出、旅游商品制造等主导产业及其他配套服务产业在此区域内集中配置。（2）郑州旅游产业集群。以省博物院、省艺术中心、新郑轩辕故里、黄河风景名胜区等为核心……

山西省“十一五”规划纲要中，提出：“依靠城镇建设，形成旅游集散地；依靠特色县建设，培育旅游重点县，从而形成中心旅游城市、旅游产业集群、重点旅游景区、旅游城镇四级建设格局。”

呼伦贝尔市“十一五”规划纲要中，提出：“加快发展旅游业，构建旅游产业集群，全面提升旅游业的产业素质和竞争力。重点构建阿尔山—柴河—绰源特色旅游带和阿尔山—柴河—牙克石—海拉尔—满洲里—新右旗—新左旗、牙克石—根河—额尔古纳—满洲里—海拉尔两个黄金旅游圈。”

（二）现实中的旅游产业集群

1. 中小型企业聚集化发展。构造集群竞争力中小型企业本身缺乏竞争力，但具有灵活性、创新性等优势，围绕大型旅游集团、旅游吸引物，形成了集群化发展，以集群竞争力提升发展水平。在我国经济区，如长三角、珠三角，在城市、旅游景点附近，形成了以旅游景点为核心的旅游企业集群区域，如上海的城隍庙景区、苏州观前街景区、杭州的西湖景区、南京的夫子庙景区、苏州乐园主题公园集群。其中，以杭州西湖景区的聚集效应和影响能力最为突出。因西湖积聚区基础设施配套、西湖吸引力强、旅游资源丰富、旅游产业链完整、营销能力强，形成了对整个长三角地区的旅游客源辐射。这些旅游区域的成功发展，都与周边产业互动，形成了更大的商业聚集能力，扩展了旅游地区承载能力，特别是文化产业、体育产业等相关产业在众多旅游产业集群中发挥了显著作用。

2. 集群间区域合作在东部地区率先开展。旅游集群间的区域旅游合作已经成为中国地区旅游发展的重要战略，特别是我国的长三角、珠三角旅游一体化的发展带动了其旅游产业之间的区域合作。以长三角为例，我国长江三角洲都市群是以沪、宁、杭为端点，由 60 余座城市相互连接组成的城市绵延带，面积约 10 万平方公里，人口 7 500 万人。该地区经济发达，交通便利，区位条件优越，发展旅游不仅具有良好的资源基础，而且经济、交通、人口等相关条件也很有优势，是我国最有可能形成旅游产业密集带的地区之一。目前，该地区集聚了众多的旅游景点和企业，4A 级景区、星级宾馆数量占了全国的一半，入境游、国内游、出境游在全国名列前茅。近年来三地旅游主管部门充分利用“两省一市”空间上的整体性、文化上的同源性、旅游产品的互补性，加强在旅游市场宣传方面的合作。2003 年江浙沪三地通过“同游江浙沪，阳光新感受”启动仪式在全国率先恢复区域内入境旅游市场。2004 年江浙沪旅游市场促进会成立并举办了首届旅游市场论坛。通过一系列区域旅游市场合作，江浙沪三地正逐步实现旅游整体形象一体化、旅游产品建设一体化、旅游宣传促销一体化和旅游信息建设一体化。在区域内各主要旅游城市的共同努力下，一个世界级的区域旅游经济合作聚集区正在形成。

（三）旅游产业集群发展中存在的问题

1. 布局与结构松散。长期以来，旅游业一直呈现市场集中度低、布局与结构松散的特点。旅游区域内布局混乱、松散，总体规划性不强，旅游区域与工业、农业有机结合发展不足，旅游开发以行政区为单位，遍地建造旅游度假村，区域旅游缺乏竞争优势。首先，从企业来看，随着旅游需求激增，旅游市场不断扩大，旅游业一度呈现的高利润率促使众多行业或部门转向旅游业，加上旅游业市场进入壁垒较低，经济规模有限，技术含量也不高，其他行业和部门很容易进入，由此造成了整个旅游业的市场集中度较低，专业性不强。其次，从政府来看，由于20世纪80年代以来，旅游业重要作用凸显，许多地区将旅游业作为振兴地方经济的先导产业或支柱产业，并为此出台了一系列政策措施，鼓励不同地区、行业和部门的企业进入旅游业某一领域，因而导致了整个旅游产业的布局与结构比较松散。目前，我国旅游业仍存在产权模糊、条块分割、多头管理等弊端，使得旅游业的产业布局比较分散，组织结构也不合理。

2. 无序竞争行为严重。目前，中国旅游产业面临最大的问题就是无序竞争。在中国已经初步形成的旅游集群区域中，竞争行为要远大于合作行为。旅游产业的各参与主体从自身利益出发，片面追求各自经济利润最大化，集群成员之间存在无序竞争、信息封锁，缺乏有效产业分工机制和战略定位。从集群成员企业之间的分工协作关系看，产业链各环节成员之间协调不够，合作不够，缺乏共同创建集群品牌和营销网络的意识，缺乏有效产业分工机制，忽视了集群效应，从而影响整个地区旅游产业效率的提高和竞争力的提升，形成我国旅游业市场不断扩大但是旅游利润却不断下滑的矛盾。大量小型旅游企业尚不具备参与国际竞争的能力，却在国内市场竞相削价，互挖墙脚，我国旅游饭店业、旅行社业在总量上失衡，旅游景区景观重复建设、竞争过度。

3. 区域旅游合作层次较低。以苏州地区的水乡主题旅游为例，仅“神州第一水乡”“中国第一水乡”，就被众多乡镇抢夺，如周庄、木渎、角直、同里，在宣传上互相竞争，只在苏州市组织的旅游活动中合作，缺乏长期性的错位经营和合作。更大范围的区域合作也以短期旅游宣传活动、节庆活动、旅游线路组合活动为主，合作层次低，缺乏长期性、战略性合作，缺乏知识的交流和共享。

4. 缺乏文化支持。中国是文明古国，文化旅游本身就是旅游的一部分。但是，中国旅游集群目前在文化方面存在以下问题：其一，整体性不强。一个集群内部，体现的文化杂乱无章，企业间缺乏文化关联。一个集群的凝聚性不仅仅是产业链上的合作，更多的是在文化上的依存。其二，创新文化氛围不足。集群内部所体现的创新文化、企业家精神不足，缺乏对创新的追求。很多企业认为旅游作为一个传统行业，基本不需要创新，这样的企业精神只能让区域旅游逐渐失去竞争力。

5. 旅游创新体系不完整。旅游产业在中国一直被认为是资源型产业和劳动密集型产业，区域旅游的发展首先依赖于旅游吸引物，其次是廉价的人力成本——即大量廉价的服务人员，整个产业体系从观念上、制度上都缺乏创新的动力。目前只有部分大型旅游集团重视旅游产品创新，即使如此，其大多数创新工作也只是旅游资源开拓。中国开发的旅游产品具有很强的复制性。这不仅仅是旅游产业集群所面临的问题，由于中国法制尚不健全，许多产业也具有相似问题。

6. 制度阻挠。中国旅游管理制度还很不健全，在集群系统内部和集群间合作中出现很多问题，相应的市场秩序和市场规制尚未建立或完善，与之配套的行政管理体制改革也明显滞后。旅游活动的异地性，决定了产品跨越不同的形成区域，因此整体旅游线路经常被各地区本地旅游规划和地区战略所割裂。这些区域割裂导致政府行为发生扭曲，地方保护、地区封锁、行政干预、政企不分等种种做法，无法形成旅游资源的优化配置。随着旅游业制度改革的不断深入，旅游局和各地区旅游局已不再承担国有资产管理者的职责，而是独立地扮演行业管理者的角色。但目前尚处于过渡期，还未形成一整套符合旅游产业特点的管理体系和监督体系。

Chapter 3

第三章
旅游产业集群的运行

一、旅游产业集群运行的要素

（一）资源禀赋

自然优势聚集力是产业地理集中的基本作用力之一，早期的旅游产业集聚也不例外。由于大多数旅游资源是不可移动的，自然资源禀赋的差异造成了不同的吸引力，拥有全国甚至世界吸引力的核心资源就会吸引相关的旅游产业围绕建设，形成集聚现象。到目前为止，尽管兴建了很多人工的主题公园等景点，但是资源禀赋的优势仍是核心旅游产品中不可替代的关键因素，核心旅游产品的区位也就决定了旅游产业集聚的区位。北京、西安等古都旅游资源丰富，能吸引大批中外游客，此谓资源区位突出。像黄山、张家界、九寨沟这类世界闻名的旅游资源四周所形成的旅游产业集聚也正是资源区位集聚现象。

（二）客源市场

早在 1948 年，联合国发表的世界人权宣言（Universal Declaration of Human Rights）中就指出："每个人都拥有休息和闲暇的权利，包括享受定期带薪假日。"随着人们经济收入的提高，支付能力趋强，自由支配的时间增多，旅游需求也不断增长。但是旅游需求的空间分布并不是均衡发展的，主要集中在经济发达、人口众多的地区。依托重要的客源地市场发展正是部分旅游企业集聚的原因之一。根据国外学者的研究表明，大型主题公园的区位选择需要依托经济发达、流动人口多的大城市和特大城市，对一级客源市场（80 公里或 1 小时车程内）要求至少需要有 200 万人口，二级客源市场（240 公里或 3 小时车程内）也要有 200 万人口以上。如深圳作为新发展的特区城市，本身旅游资源并不丰富，但却云集了近 10 个主题公园。正是因为它对港澳台市场来说近水楼台，此谓客源区位优越。此外，旅游休闲产业集中在环城游憩带部分是源于历史遗留的自然人文景观，更多的是为了满足城市居民的休闲游憩活动而兴建和开发的主题公园和农家乐等。吴必虎对环城游憩带进行了归纳，并通过观察和抽样调查发现，大中城市周边地区（不一定完全是城市郊区）200 公里左右以内，是城市居民周末休闲度假的高频出游地区，在此区域形成了游憩土地利用密集地区，即休闲相关产业集聚发展的地带。

（三）交通区位

交通区位指从客源地到旅游区的空间距离及可达程度。交通区位集聚主要指旅游产业沿着交通便利的地区聚集的现象。旅游产品不能迁移，旅游者必须亲自抵达旅游目的地才能实现旅游产品的价值。因此，旅游目的地的可进入性至关重要，成为影响旅游产业集聚的又一重要因素。比如，随着自驾车旅游的兴起，道路畅通的景区迅速成为旅游产业集聚的首选之地。在杭州市通往黄山的交通干道上，沿途的富阳、桐庐、建德、淳安各县域的旅游产业得到快速发展。然而，敦煌景区虽然拥有世界遗产莫高窟等，旅游和文化价值很高，但是每年抵达的游客只有60万人，旅游服务设施也不够完善，旅游经济发展不景气，难以形成旅游企业集聚的现象，很大一部分原因乃交通区位闭塞所致。

（四）产业链作用

旅游业作为一个连接旅游主体（旅游者）和旅游客体（旅游对象）的产业，涉及众多行业和部门，包括政府组织、中介机构、旅游吸引物、交通运输业、住宿业等。这些行业彼此间紧密的横向、纵向联系导致它们在某些地域围绕旅游资源产业形成集群。旅游产业集群通常以旅游吸引物为核心，在旅游吸引物外围聚集着旅行社、宾馆饭店、旅游区域内部交通、纪念品零售、娱乐设施等服务性产业。它们都服务于旅游者，是旅游企业在空间聚集的必要条件。在这些服务性产业外围，还需要一系列支持产业，如金融、通讯、园林、海关、保险、公安、卫生保健、建筑、房地产、媒体、绿化、环保等。

（五）政策作用

得益于国家一系列扩大内需、促进消费、发展假日旅游等政策措施效应和政府高度重视并大力促进旅游产业发展的良好环境氛围，以及风行世界的高新技术开发区、高科技园区、创业园区等形形色色的园区开发之后，国家培育旅游度假区的目的也是运用政府力量促进旅游产业的地理集中，从而提高度假旅游发展的效率和持续的竞争优势。如国务院国发［1992］46号文件规定在国家旅游度假区内兴办的外商投资企业，其所得税减按24%的税率征收。此外，近年来随着景区特许经营的引入，许多地方进行了所有权和经营权分离的实践探索，政府强力推进旅游开发中的“两权”分离，拓宽引资渠道，以经营权的出让最大限度地吸引、整合外部资金、人才、管理理念和市场需求等，以此形成旅游产业大发展的浓厚氛围，吸引更多的社会资本和人力资源向旅游产业集聚。这是造成旅游产业集聚的又一重要政策原因。民间资本的进入有利于市场化的操作，大量信息和人才能更快积累和流动，有利于企业间长短期的竞争与合作，这些都是产业集聚的生命力所在。

二、旅游产业集群运行的条件

（一）旅游产业集群形成具备一系列的空间条件

旅游产业集群的形成需要具备条件有：自然条件、文化与要素禀赋、充足的市场供需条件、有效规范的行业制度及良好的产业政策、政府及相关组织部门的高效服务等。自然条件是形成旅游产业集群的重要生产要素，文化是旅游产业发展的核心竞争力，它与要素禀赋一起共同构成了旅游资源。旅游资源是形成旅游产业核心吸引力的重要基础，是集群形成的前提条件和重要保障。良好的产业政策有利于引导旅游产业布局由“分散”向“集聚”调整，推动旅游产业集群形成。另外，高效的政府及相关组织部门能够为企业提供高效服务，为集群发展塑造良好的环境，吸引大量企业及相关市场主体聚集，形成旅游产业集群。

（二）旅游产业具有较长的产业链，产品存在技术可分性

旅游产业集群形成的最直接原因是特定地理空间范围内的旅游产业分工

不断深化，旅游产品与服务价值链不断分离而形成彼此之间相互依赖、紧密联系、嵌入特定空间背景下的产品或服务网络。由于旅游产业生产和消费过程的同步性和旅游产品的不可移动性，旅游产业集群依托旅游资源或围绕核心吸引物而形成。在旅游产业发展中，旅游六要素为旅游消费者提供的旅游商品与服务，彼此之间联系密切、交流频繁，围绕着同一服务对象展开合作。因此，旅游产业具有较长的产业链，产品存在技术可分性。

（三）旅游产业集群产品存在着丰富的差异化机会

旅游产业集群的形成需要建立在最终产品发生差异化的潜力比较大上。产品差异化可以避免旅游集群内的恶性价格竞争，防止旅游企业因产品“同构化”而形成集群发展中的内耗，同时能满足不同消费者的心理需求，为旅游集群成长创造良好的合作基础，促进集群形成与不断成长。

（四）旅游产业集群产业关联度高，易产生“结网”

旅游产业集群的产业关联度高，能推动下游产业和拉动上游产业的协同发展，形成完善的产业链，真正实现众多企业的集聚，为了共同的利益而“结网”，有利于利益相关者加强合作营销，打造区域品牌，塑造名牌。

三、旅游产业集群的运作模式

（一）政府扶持型的旅游产业集群模式

该模式主要出现在日本、中国、韩国和印度等旅游业后发展国家和地区。如日本关西地区的旅游产业集群、我国深圳华侨城集团的旅游群落等。其基本特征表现如下：（1）由于市场经济产生的时间较短，市场机制不是很完善，自发作用比较薄弱，旅游产业集群的成长、演进主要依靠政府的扶持来完成。也就是说，旅游产业的集聚的产生是自上而下的，是通过国家和地区的干预扶持政策而促成的。（2）由于旅游产业发展时间较短，单靠市场机制的作用很难在短期内创造足够的条件，实现旅游产业集群和培育地方旅游创新网络的目标。（3）政府往往利用和控制经济的历史传承，与市场机制相配合，共同促进旅游产业集群的形成。

（二）市场主导型的旅游产业集群模式

该种模式的旅游产业集群主要以欧美等市场经济发达国家为典型代表，如美国西海岸旧金山旅游产业集群。其主要有下列基本特征：（1）市场机制十分完善，旅游产业集群的成长、演化基本上依赖市场与产业的互动；旅游产业的集聚是自下而上的，是通过旅游企业对旅游产业集群的逐利自发形成的。（2）外部政策力量对旅游产业集群的成长、演化的影响是间接的、辅助性的。（3）政府调节作用主要表现在旅游产业集群出现后的事后调节方面。

四、旅游产业集群运行实例分析——乡村旅游产业集群

（一）发展概况

1. 乡村旅游的定义。乡村旅游是以具有乡村性的自然和人文客体为旅

游吸引物，依托农村区域的优美景观、自然环境、建筑和文化等资源，在传统农村休闲游和农业体验游的基础上，拓展开发会务度假、休闲娱乐等项目的新兴旅游方式。

2. 我国乡村旅游的发展概况。我国乡村旅游起步较晚。一种说法是萌芽于20世纪50年代，当时为外事接待之需，在山东省石家庄村率先开展了乡村旅游活动。另一种说法是，自改革开放以来，党和国家提出了建设社会主义新农村的战略部署，拉开了乡村观光旅游的序幕。后一种说法得到了国内学界的普遍认可。1981年11月，在《当前的经济形势和今后经济建设的方针》的报告中，党和国家号召全国亿万农民为建设社会主义新农村而奋斗，强调社会主义新农村建设要首先抓好农业生产，发展农村经济。在20世纪80年代中期，改革开放较早的深圳首先开办了荔枝节，主要目的是为了招商引资，随后又开办了采摘园，取得了较好的效益。于是各地纷纷效仿，开办各具特色的观光农业项目。国内学者绝大多数人认为国内的乡村旅游从20世纪80年代兴起。到了20世纪80年代以后，由于人们对生态环境的关注程度不断提高，世界范围的“绿色运动”推动了乡村旅游的快速发展。进入20世纪90年代，乡村旅游作为生态旅游的重要组成部分，得到了世界旅游组织和其他国际组织的大力推动。目前，乡村旅游已经成为现代旅游业的重要发展方向，显示出良好的发展前景和蓬勃势头。国家旅游局把1998年确定为“华夏城乡游”旅游主题年，极大地促进了我国乡村旅游活动的开展。2003年，上海颁布实施《农家乐旅游服务质量等级划分》，这是我国第一个地方性乡村旅游标准。国家“十一五”规划则将建设社会主义新农村定为现代化进程中的重大历史任务。为了更好地发挥旅游在“社会主义新农村建设”中的优势和作用，国家旅游局把2006年确定为“中国乡村游”主题年，宣传口号为“新农村、新旅游、新体验、新风尚”。这一口号的提出，进一步调动和激发了全国各地发展乡村旅游的积极性，为乡村旅游的全面发展提供了强有力的政策支持和广阔的历史舞台。按照党中央、国务院2007年1号文件关于要特别重视发展乡村旅游业的要求，国家旅游局提出并积极推动“中国和谐城乡游”旅游主题年活动，不断推进乡村旅游的深入发展。同年还启动了乡村旅游“百千万工程”，即在全国陆续推出100 个特色县、1 000 个特色乡和 10 000 个特色村。2008 年 10 月，党的十七届三中全会审议通过的《中共中央关于推进农村改革发展若干重大问题的决定》，要求把建设社会主义新农村作为战略任务，把走中国特色农业现代化道路作为基本方向，把加快形成城乡经济社会一体化新格局作为根本要求。2009 年 11 月，国家通过了《关于加快发展旅游业的意见》，提出“把旅游业培育成国民经济的战略性支柱产业和人民群众更加满意的现代服务业”。我国具有丰富的自然资源、农业资源和人文资源，这些都为发展旅游产业奠定了深厚而坚实的基础。作为其中的细分产业，乡村旅游经过 30 余年的发展，不仅为市民开辟了一片休闲娱乐的空间，也成为旅游地可持续发展的重要载体和农村产业结构调整的重要方向。截至 2010 年，我国共有包括四川、浙江、广东、山东等二十余个省、自治区（直辖市）制定了乡村旅游或农家乐旅游的相关规范与标准。我国乡村旅游产业经过近 30 年的发展，尽管还有管理不善、低水平扩张等许多问题，但由于迎合了大众亲近自然、返璞归真、休闲娱乐的消费心理，对其需求还在不断扩大，从而推动着乡村旅游蓬勃发展。目前，我国各地乡村旅游开发均向融观光、考察、学习、参与、康体、休闲、度假、娱乐于一体的综合型方向发展。其中，国内游客参加率和重游率最高的乡村旅游项目是以“住农家屋、吃农家饭、干农家活、享农家乐”为内容的民俗风情旅游，以收获各种农产品为主要内容的务农采摘旅游，以民间传统节庆活动为内容的乡村节庆旅游。比如仅北京一地就有民俗旅游村 316 个，民俗旅游接待户 13 819 户。成都各种经营“农家乐”的业户也有 5 000 多家。经过近 30 年的快速发展，我国在乡村旅游产业领域取得了许多宝贵经验，一些乡村旅游发展较早的先行地区结合自身的时空地域特点因时因地制宜，探索出了一些发展乡村旅游的独特而又能充分挖掘和利用其乡村旅游资源的发展模式和发展途径。例如成都充分利用其独特的地势地貌特点、得天独厚的自然风光，以及几千年来形成的居住方式和生活习性，探索出村落式乡村旅游集群发展模式、田园特色农业产业依托模式、庭院式休闲度假景区依托模式以及古街式民俗观光旅游小城镇模式等发展路径。广大西部少数民族地区乡村旅游则大多走的是一条集乡村旅游和民族旅游于一体的民族风情游模式。广大沿海城市充分利用丰富的海洋资源，擦亮了“渔家乐”这块招牌，带动了以“渔家宴”“农家宴”等为主的乡村旅游特色项目发展，带动了当地土特产品销售和餐饮接待效益。山东即墨田横祭海节采取“一年一祭，三年一节”的办节方式，每三年由政府组织举办一次，其他由民间自发组织，实现旅游收入 5 000 万元。田横祭海节也因此被誉为中国渔文化中最富特色、原始祭海仪式保存最完整、规模最大的民俗盛会，并被列入国家非物质文化遗产名录。进入 21 世纪，我国乡村旅游不断强化市场主体地位，继续保持较快发展势头，基础设施更加完善，城乡互动更加活跃，产品内涵更加丰富，乡村旅游不断向纵深发展，进一步促进我国国内旅游市场的大发展和大繁荣。

（二）乡村旅游产业集群的要素与条件分析

乡村旅游是把农业与旅游业结合在一起，利用乡村景观和农村空间吸引游客前来观赏、游览、品尝、休闲、体验、购物的一种新型农业经营形态，即以农、林、牧、副、渔等广泛的农业资源为基础开发的旅游产品。乡村旅游不同于其他旅游方式，它不是以景点观赏为主，而是以乡村生活的体验为主，而且具有发展潜力大、关联度高、带动力强等产业特征，因此乡村旅游具备集聚发展的条件。目前，从整体上看，我国乡村旅游仍处于起步阶段，面临着分散经营、各自为战、缺乏统一规划、专业化分工不明显等问题。因此，区域乡村旅游企业集聚发展就显得尤为必要。

1. 规模小且零散，旅游企业间无序竞争现象突出。乡村旅游企业普遍属于劳动密集型企业。由于进入退出壁垒较低，以及受乡村土地分散弊端的制约，造成经营企业数量过多，企业规模普遍偏小，经济贡献小等问题。不仅如此，由于乡村企业缺乏产业集中度，乡村旅游产品单一、产品深层次开发不够、没有差异化等原因，引发企业之间大量无序竞争，造成市场无序运行，阻碍了乡村旅游产业链的形成和发展。因此，没有产业集聚的发展，旅游企业不可能走出恶性竞争的局面，也就很难提高产业竞争力。

2. 缺乏统一规划。一些地方在发展乡村旅游时，没有将乡村旅游资源的开发纳入区域旅游开发的大系统，统筹安排，全面规划。而是任由经营者盲目投资与开发，个别地方甚至出现了遍地开花和重复建设的现象，这不仅造成资源、人力、财力、物力的巨大浪费，而且还导致资源开发的形式单一、水平不高、档次低下、特色不强，从而缺乏对客源市场的吸引力，难以形成集聚效应和规模效应。

3. 专业化分工协作产业网络尚未形成。乡村旅游是由一系列个人、企业、部门和地区以不同的方式组合在一起，为旅游者提供旅游体验的活动。它的各个产业要素彼此依赖性强，哪个方面缺失或不完善，都会直接影响乡村旅游的综合接待能力，甚至影响乡村旅游的持续发展。但出于多头管理、部门分割、各自为政、各行其是的"三农"管理体制，以及乡村旅游产业内部各子系统之间人为障碍等因素，乡村旅游企业间的内在联系被割裂，企业间难以相互依存、相互支援，专业化分工协作产业网络无法形成，从而影响和制约了乡村旅游产业系统的健康发展。因此，旅游企业和有关组织机构只有通过围绕核心吸引物进行不同层次的产业集聚，才有可能获得高效率的协同作用，增强区域的竞争力。随着乡村旅游的发展，有些地区的乡村旅游已初具规模，在空间上呈现集聚现象，但这种集聚的形成和发展完全是自发的，导致产业集聚的作用无法得以充分发挥。因此，为了促进乡村旅游产业集聚的形成和发展，还必须发挥政府的作用，把政府推动与市场导向相结合，切实保证集聚区域乡村旅游实现整体互动发展。

（三）运作模式的选择

从我国乡村旅游的发展现状可以看出，市场机制未能在乡村旅游的发展中发挥积极有效的调节与配置作用，市场作用下的乡村旅游发展缓慢，且发展中小、散、乱、差等问题突出。如果不科学调控，任其自由发展，将带来经济、社会、环境等方面长期消极影响。因此，对于乡村旅游产业的发展，要加大政府主导力度，构筑政府扶持型旅游产业集群。

1. 加强领导，营造合力。由于各区域政府具有很大的利益趋从性，必然涉及区县级政府之间的管理协同问题。由于集聚区域内各个行政区相对独立，导致各个村、镇，甚至是各区（县）的各自为政，这必将给区域市场运作带来一定的政策性阻碍。因此，在集聚区域乡村旅游发展中应从大局利益出发，通过领导层面的不断交流与协商建立统一的事务协调解决机制，共同安排部署区域内乡村旅游发展工作，集中力量解决薄弱环节，形成共同培育、支持乡村旅游发展的强大合力。

2. 政策扶持，优化环境。政府的推动和扶持是乡村旅游产业集群经济运行机制的“方向盘”与“支柱”。在推动乡村旅游产业集聚的过程中，政府应积极转变职能与观念，以坚定的决心大力发展乡村旅游业以及相关支撑行业，通过旅游政策的设立和旅游法规的建设，以及对固定资产投资项目、旅游商品定点单位、农家旅舍、交通运输部门、旅行社等旅游企业或相关企业实施一定程度的税收优惠和奖励，促进和保障乡村旅游产业集群的实现。同时，政府还应该提供适宜旅游企业生存发展的环境以吸引旅游企业在区域内集聚和扎堆。这里的“环境”不仅包括良好的基础设施等硬件环境，更包括良好的制度环境，如：消除各种不合理收费、简化手续，提供信用评级、贷款担保服务，对技术创新提供资金、人才方面的支持，建设教育培训机构、信息服务机构等。

3. 科学规划，整合资源。旅游发展，规划先行。集聚区域内旅游发展需要一个整体的发展思路，从而对区域乡村旅游的发展方向和目标进行统筹安排。因此，政府有关部门应该从完善和丰富区域乡村旅游的角度，对其统筹安排，全面规划，有效整合区域旅游经济资源，实现各个旅游乡村优势资源的融合与互补，以打造统一的乡村旅游产品，形成统一的乡村旅游线路，构建一体化的区域乡村旅游网络系统。这样既可以避免内部竞争的混乱局面以及近距离的雷同和重复建设，提高乡村旅游开发的效果，又可以实现区域间的优势互补，客源共享，从而共同推进乡村旅游的健康、稳定发展。

4. 加强区域内的专业分工合作。在乡村旅游区域恶性竞争的情况下，区县之间的分工合作显得尤为重要。它不仅是乡村旅游发展的基础，也是乡村旅游产业成熟的标志。因此，在横向上，每个区县都有自己的主题特色，如有的乡村是为旅游服务的专业农副产品村；有的乡村是一个旅游的工艺品、纪念品专业村，形成一村一品。纵向上，从城市到乡镇到县再到农户，有一个主题链，在整体层次上也能保持同一性，最后要形成乡村旅游产业集群，增强区域竞争力。而要促成区域内的分工合作，依靠企业自发合作必然周期较长且效率不高。因此，必须要有政府的牵引，通过政府的公信力、号召力，积极倡导合作，主动搭建平台，推动产业集群的形成。

5. 建立网络，实现乡村旅游区域资源共享。所谓建立网络就是要由政府牵头在区域内部建立统一的信息网络和营销网络，将区域内相对零散的旅游吸引物链接为一个统一的有机整体，实现乡村旅游资源的多样性整合，以满足游客的个性化需求；努力拓展网络功能空间，增强网络平台的互动性，使每一位旅游者都能够获得大量的乡村旅游目的地信息，并能够方便预订，让他们未旅游就先有了一段美好的体验。同时，乡村旅游经营者们也通过网络联盟的形式开展同业交流合作，如开展共同的营销宣传和团体采购等活动，使旅游者和经营者双方都受益。

6. 加强乡村旅游文化的整合。由于地理区位、资源、气候、人文等诸多因素的制约和影响，致使我国不同地域的乡村经济结构和发展水平各具特色并互有差异，孕育了具有不同个性特质的乡村文化。例如地方戏曲、民间音乐、民间舞蹈、农耕文化、建筑文化、饮食文化、民族文化等等。这些文化对于当地乡村旅游产业都产生很大的影响和作用。但这些文化大都具有地域性，传播的地域范围小，知之者甚少。因此，政府必须自觉承担起对文化进行整合的使命，这样不仅可以使集聚区域内的各成员扩展自己的先进文化，也可引进其他区域的先进文化，进而带动乡村旅游的快速发展。

7. 打造乡村旅游品牌，促进旅游产业集聚。在这个品牌经济时代，品牌效应的巨大市场拓展潜力引人关注。著名的旅游品牌已经成为吸引旅游者的有力武器。因此，乡村旅游集群在发展时，各地区政府一定要注意发挥各自优势，整体把握，统一协调，树立精品、名牌意识，从旅游目的地形象、旅游产品形象、旅游企业形象等方面入手，打造具有乡村特色的旅游品牌，并通过乡村旅游品牌的培育和鲜明旅游形象的塑造保障区域乡村旅游的快速发展。

（四）促进乡村旅游产业集群发展时应注意的问题

产业集聚对于乡村旅游的发展来说有巨大的促进作用，但并非只要有集聚就会产生竞争优势，集聚仅仅是其必要条件，而非充分条件。因此，为了充分发挥产业集聚效应，还应该重视以下几个方面的问题：

1. 规模的扩大要以保护资源为前提。旅游资源作为旅游活动的主要对象，是旅游产业集聚的前提和基础。优质的旅游资源禀赋不仅是乡村旅游集聚形成和发展的首要动力，也是给集聚企业带来巨大客源收益的源泉。因此，在乡村旅游集聚化的过程中，不能只考虑集聚带来的规模经济，而是要根据乡村旅游资源保护的要求、旅游资源所在地的环境容量等因素，恰当地发展产业集聚的规模，以保证乡村旅游资源的永续利用，维持对集聚企业和旅游者的吸引力。

2. 注意加强同区域外的联系与合作。任何旅游目的地的资源都是有限的，再加上消费者的异地性以及旅游产品生产和消费的不可分离性，决定了加强与区域外部的联系与合作是整个乡村旅游集聚区生存和发展的关键。因此，作为城市区域旅游系统的有机组成和重要补充，乡村旅游集聚区域的企业必须加强同城市区域内的企业之间的合作，不断吸收最新的信息、技术、管理理念，完善整个乡村旅游产业价值链，从而促进整个区域的不断发展。

3. 注意对区域内部旅游企业进行动态管理。从根本上说，乡村旅游集聚发展是要依靠在空间上集聚的各个旅游企业的发展来推动的。这些企业虽然出于共同的利益集聚在一起，但由于彼此之间在经济或者法律上都是独立的，因此在合同、协议、契约之外，很难保证旅游企业不会做出损害其他成员利益的事情。为了防止此类事件的发生，必须加强对区域内旅游企业的监督与控制，通过促进企业之间的沟通与交流，使企业在经营过程中形成自律、诚信的氛围，进而形成整个乡村旅游区域的良好经营氛围，保持乡村旅游业的持续竞争力。

4. 注意提高产品创新动力，实现乡村旅游可持续发展。从创新机制的角度来说，旅游产业集聚形成的创新动力并没有其他一般产业的明显。对于乡村旅游而言，随着集聚规模的不断扩大，观赏、采摘、垂钓、健身养生等旅游产品供不应求，这样就可能使集聚企业没有动力去创新，导致乡村旅游产品缺乏特色，缺乏持续发展的后劲。因此，在乡村旅游产业集聚的过程中，必须通过政府的引导和政策扶持，鼓励区域内的实体建立战略联盟共同完成创新过程，解决创新投资风险大、模仿性高的矛盾，从而增强乡村旅游集聚发展的活力，延长乡村旅游产业集聚的生命周期。

Chapter 4

第四章 旅游产业集群发展的模式

一、景点、景区依托型旅游产业集群

（一）定义与特征

1. 定义。景点、景区依托型旅游产业集群主要是指旅游相关企业围绕重要的旅游目的地而集聚，形成以所依托的景点、景区为核心的旅游产业集群。比如：大九寨国际旅游风景区，截至 2004 年年底，区内宾馆数就达 304 家，其中星级酒店 16 家，五星级酒店 2 家，床位总数 33 126 张。

2. 特征。

（1）集群内旅游企业对景区的依赖性极大，集群整体的品牌形象和旅游产品的不断创新对群内企业的生存和发展尤为重要。景区经营的成败直接关系到集群的成败，关系到集群中众多微观企业组织的生存。

(2) 这种集群发展最大的制约是社会化服务配置的困境。原有的基础设施薄弱，公共服务体系（如教育、卫生以及其他社会服务体系）等发育不健全，使得企业员工及子女的教育培训和医疗等条件严重不足，集群难以吸引和留住优秀人才，也严重制约集聚企业的服务质量的提高和产品的创新。

(3) 这种集群的成长多源于市场机制的作用而自发形成。由于景点、景区具有强大的客源吸引力，或者说市场号召力，促使相关旅游围观企业组织自发向景区周边集聚，形成集群。由于是源于市场机制而形成的旅游产业集群，一方面集群运行的市场机制比较完善，企业市场意识强烈；另一方面市场运作的盲目性，又可能带来集群整体发展的混乱性，为今后长远发展带来隐患。

（二）存在问题

1. 集群内旅游企业数量少，规模小，游客旅游消费项目单一。目前，在旅游区消费项目方面，旅游者多以门票消费，餐饮消费居多，娱乐项目消费不多，旅游产业集群发展的态势尚未形成。

2. 集聚区规模较小，游客逗留时间偏短。在住宿类型的选择上，多数旅游者因只是一日游，再加之交通便利，旅游者会选择当日返回出发地。在餐饮选择方面，旅游者仍以当地饮食为主，选择范围具有局限性。

3. 旅游产业集群发展的意识不强，有关部门对于集群发展未能给予足够重视。我国许多高等级的旅游景点、景区都具有强烈的门票号召力，完全具备景区依托型旅游产业集群发展的优势条件，然而相关旅游管理部门在旅游企业招商引资、发展规划、政策扶持等方面却没有给予强力支持，直接影响了产业集群的快速形成。

4. 就目前来看，很多景区在对外宣传、打造品牌方面尚未形成强大的品牌优势，依靠品牌吸引企业集聚的气候尚未形成，品牌影响力有待进一步提升与强化。景区影响力是此类型旅游产业集群成长的关键，而现实中的诸多景区显然还存在着巨大的营销空白。

5. 景区所依托地区整体旅游经济发展的成熟度制约着旅游产业集群的形成。由于依托地区旅游经济本身存在诸多缺陷，相关旅游企业对于旅游产业集群的效应并没有足够认知，对于进入集群发展没有太大热情，这直接影响了集群的发展壮大。

6. 集聚区基础设施有待进一步完善。完善的基础设施是吸引企业聚集的基础条件，而目前我国诸多景区由于建设资金、人力资源、施工条件等因素的制约，基础设施建设还存在诸多不足。

（三）发展路径

1. 加快基础设施建设，完善景区配套工程。基础设施是制约旅游相关企业集聚的瓶颈，要通过多途径的资金融通，加大基础设施投入力度，加快基础设施建设，尽快构建设施先进、功能齐全、配套完善的基础设施体系，以强大的硬件条件降低企业的进入障碍。

2. 加大营销宣传力度，提升景区的品牌影响力，做强做大客源市场。企业的集聚源于利润的引致，而利润的多寡来源于市场的规模，市场的规模则在于产品的设计、品牌的树立。因此，景区依托型旅游产业集群发展的关键在于做强做大集群依托的根本，即旅游景区。要通过科学的营销方案，在产品、价格、促销、渠道等营销策略上多管齐下，全面出击，赢得更大的市场占有率。相信，随着市场规模的不断壮大，旅游相关企业会主动进入集聚区的。

3. 政府要提高旅游产业集群发展的意识，科学规划，积极引导。相较于东部沿海地区，特别是长三角地区，我国大多数旅游产业集群发展依然落伍，特别是中西部地区不能坐以待毙，等待产业集群的自发形成，政府必须有所作为。其首要解决的问题就是意识、观念问题，要给予旅游产业集群以客观、科学的评价，要认识到旅游产业集群发展是未来旅游产业发展的必然趋势之一。在此基础上，要组织专家对旅游景区旅游产业集群进行科学规划，以规划为指引，积极出台有效政策，引导企业进驻，推动产业集群不断向前发展。

4. 不断丰富旅游产品项目体系，延长游客逗留时间。目前，大多旅游区产品项目相对单一，游客消遣逗留时间不超过半天。这一情况直接制约着景区的接待规模与收入水平。必须通过开发多层次、多种类的参与性、体验性旅游产品与项目来延长游客的逗留时间。旅游区要实现旅游产业集群化发展，必须从根本上扭转以文化观光为主体的旅游形式，要建立以观光为主导，以体验、参与、休闲为主体的旅游形式，增加高附加值的体验类项目，通过“留人”，实现“留利”，进一步带动产业繁荣，促进企业集聚。

5. 要建立健全旅游产业集群的组织管理体系。旅游景区依托型旅游产业集群的发展必须要有专门的组织机构加以经营与管理。要通过对集群发展现状的调研，科学设立集聚区管理委员会，或者集聚区行业协会，负责对产业集群的管理运行，以实现集群发展的组织保障。

（四）发展实例：内蒙古成吉思汗陵风景区旅游产业集群

1. 成吉思汗陵风景区概况。鄂尔多斯市成吉思汗陵旅游区位于鄂尔多斯市东南部伊金霍洛旗的甘德尔草原上。成吉思汗陵作为一座民族的丰碑，记载着蒙古民族沧桑的历史和灿烂的文化。传说，成吉思汗在率军征西夏时，路过鄂尔多斯。他目睹这里水草丰美，花鹿出没，是一块风水宝地，陶醉于美丽的自然景色，失手将马鞭掉在地上，部下正要拾起马鞭，被成吉思汗制止了。他白语道：“梅花鹿儿栖身之所，戴胜鸟儿育雏之乡，衰落王朝振兴之地，白发老翁享乐之邦”，并对左右嘱咐道：“我死后可葬于此处”。成吉思汗去世后，运送其灵柩的灵车行至鄂尔多斯时，车轮突然陷进沼泽地里，套上很多牛马都拽不出来。护送灵车的将领回想起成吉思汗曾经说过的话，于是将其“毡包、身穿的衫子和一只袜子”安放在这里，并进行供奉。成吉思汗陵是“全国重点文物保护单位”“国家 AAAAA 级旅游景区”“国家文化产业示范基地”“中国旅游胜地四十佳”景区和“全国中小学爱国主义教育基地”。

成吉思汗陵旅游区以陵宫为核心，由“三区”“两道”“八景”组成。“三区”，即“文物保护观光游览区”，以陵宫为核心，占地 10 平方公里；“生态恢复保护区”，在核心区的外层，围绕巴音昌呼格草原周围的梁地为界，占地 20 平方公里，在这个区域内真正体现“天苍苍、野茫茫，风吹草低见牛羊”的景象；外围为“视觉景观控制区”，占地 50 平方公里。“两道”，即从“气壮山河”入口门景到成吉思汗陵宫的 4 公里长的“成吉思汗圣道”和环绕巴音昌呼格草原并连接各景点的 16 公里长的“风景道”。“八景”，即为积聚在景区的游客活动中心、游客教育中心、祭祀观光游览区、蒙古民俗村、神泉风景区、休闲度假中心、那达慕马术活动中心和热气球俱乐部。

来到成吉思汗陵旅游区，首先映入游客眼帘的是宏伟、壮观的“气壮山河”入口门景。由高 21 米的成吉思汗手持苏勒德的跃马柱型雕像、左右分别高 18 米和 16 米的山岩石壁、底部三层 27 级台阶、西边与山峰连接的丘陵式墙壁等组成。门景主体建筑是成吉思汗震撼世界之伟大壮举气魄的缩影。由入口门景向北展延的大道就是成吉思汗圣道和风景道。游客可以沿着吉祥的成吉思汗圣道和风景道参观各个景点，最后到陵宫，拜谒成吉思汗陵。穿过“气壮山河”门景就是壮观的“铁马金帐”群雕，包括 385 尊雕像、5 座金帐。它以恢宏的气势生动地再现了成吉思汗率蒙古大军出征时的情景。观赏完壮观的“铁马金帐”群雕，游客看到的是以休闲广场形式所表现的亚欧版图。亚欧版图广场占地面积 10 000 平方米，版图四角设有观图台，东西两侧各树立 13 面旗帜。亚欧版图广场以地势的高低错落和颜色的不同表现出从大蒙古国至元朝时期的疆域版图，包括中国本土以及横跨亚欧的四大汗国，是中国历史上最大的疆域版图。在亚欧版图广场四角的石壁上分别雕刻着主题为“民族的希望”“敞开的国门”“繁荣的大地”和“吉祥的草原”组画。接下来是以蒙古文成吉思汗的“汗”字为造型的蒙古历史文化博物馆。蒙古历史文化博物馆分九个展厅，陈列了三部分内容，即

“悠久的历史，英雄的民族”“苍茫的草原，壮阔的文化”“不朽的业绩，永存的丰碑”。这三部分内容突出了蒙古民族的社会发展、成吉思汗的丰功伟绩和鄂尔多斯历史文化。博物馆内展有206米长的巨幅油画和大量文物与民间马鞍，还设有历史文化研究机构，使博物馆成为世界独树一帜的专门研究、陈列蒙古民族历史文化的博物馆。

成吉思汗中心广场坐落在成吉思汗圣道的中心位置，是整个景区的次高点。广场周围的台阶由六大六小平台和台阶组成，即每六级台阶上面有个小平台，共六个小平台，象征历史伟人成吉思汗享年六十六岁。广场中央屹立着两块高大的丰碑，记载着成吉思汗戎马生涯和震撼世界的历史。从中心广场到成吉思汗陵宫的圣道两旁青松翠柏间竖立着数十个高大的雕塑。这些雕塑为蒙古人崇拜的神兽雕像和成吉思汗的大将等人物雕像。这些雕像栩栩如生，仿佛是成吉思汗的卫士，威风凛凛地守卫在圣道两旁，将圣道衬托得庄严肃穆。成吉思汗陵迁至鄂尔多斯，最早是八个白色的毡包，史称“八白室”。成吉思汗陵于1649年从黄河南岸迁移至这里后，这块古老神奇的地方称之为“伊金霍洛”（圣主的陵园）。1954年，在中央政府的关怀下，兴建成吉思汗陵，1956年新陵落成，成吉思汗八白室迁至新陵。

成吉思汗陵由正殿、寝宫、东殿、西殿、东过厅和西过厅六部分组成。设计独树一帜，建筑艺术独具匠心。整个陵宫犹如一只冲天而飞的雄鹰，翱翔在辽阔的草原上，象征成吉思汗这位中华民族的英雄豪杰，勇往直前，自强不息的精神。

成吉思汗陵宫正殿中央是高达4.3米的成吉思汗汉白玉雕像，雕像背景是辽阔的成吉思汗横跨欧亚的大帝国时期的疆域图。成吉思汗陵宫后殿，也称寝宫，安放着三顶灵包，供奉着成吉思汗及三位皇后的灵柩，是成吉思汗八白宫的重要组成部分。在后殿南墙正中是一幅烧瓷壁画，是依据珍藏几百年的成吉思汗黄金家族图复制而成。后殿还有一幅“成吉思汗称汗”壁画，展示了成吉思汗经过艰苦奋战，终于统一蒙古各部，建立大蒙古国的盛大场面。寝宫酥油灯长年不熄，也是广大蒙古族和游客祭祀和拜谒成吉思汗的地方。陵宫西殿内供奉着成吉思汗八白室的组成部分：吉劳（鞍辔）白室、胡日萨德格（弓箭）白室和宝日温都尔（圣奶桶）白室。西殿壁画则展示了成吉思汗经历的“灭乃蛮之战”等重大事件和十三世纪蒙古民族一些生产、生活习俗。陵宫东殿里安放着一座灵包，灵包内供奉着成吉思汗幼子拖雷和夫人额希哈屯的灵柩。东殿壁画主要反映了成吉思汗“治国之道、治政之策”的政治思想及古老的蒙古民族游牧生活习俗等。陵宫西过厅陈列着成吉思汗时期部分珍贵的文物和“成吉思汗丰功伟绩”壁画。陈列了当时最先进的铜制火炮，元朝发给诸王或使臣的特别通行证——银制圣旨牌和腰牌，当年阿拉伯地区发行的马蹄形蒙古银币，成吉思汗颁给丘处机及其门人免除差役、税赋和令丘处机掌管天下道教的圣旨碑文。西过厅壁画则以成吉思汗诞生、艰难的少年时代、哲别归降、建立大蒙古国、成吉思汗伐金战争、西征花剌子模、诏请丘处机和东西方贸易往来等图景，艺术地再现了成吉思汗一生的主要经历。陵宫东过厅里陈列着成吉思汗陵供奉的部分银制祭器和“成吉思汗子孙伟业”壁画。东过厅壁画主要反映了忽必烈统一中国，元朝的社会、经济、科技、对外交流等情况，展示了成吉思汗子孙们的伟业以及多民族统一国家的繁荣景象。

离成吉思汗陵西边不远的苏勒德祭坛，是供奉成吉思汗所向无敌的战神——哈日苏勒德（黑神矛）的台基。成吉思汗把苏勒德看做是长生天赐给的神矛，从成吉思汗时期就开始祭祀。成吉思汗哈日苏勒德的祭奠，与成吉思汗灵包的祭奠一样，每年要举行月小祭、年祭和龙年大祭等多次祭奠。在苏勒德祭坛，还供奉着成吉思汗胞弟哈撒尔的花神矛阿拉格苏勒德。商更斡尔阁（珍藏）白室是成吉思汗八白室之一，存放着各种祭器和反映成吉思汗春季大祭“查干苏鲁克大祭”场面的壁画。成吉思汗祭祀文化展览馆用文字、图片、实物、声像等多种手段，系统地介绍了成吉思汗祭祀文化的形成、继承和发展。祭祀文化是蒙古民族文化中最具特色的一个内容，也是鄂尔多斯蒙古民族文化的瑰宝。阿拉坦甘德尔敖包是为纪念成吉思汗而设立。成吉思汗陵建成后，每年农历三月二十一的查干苏鲁克大祭的祭天仪式就在这里隆重举行。成吉思汗敖尔敦（行宫）坐落在成吉思汗陵东南，是仿成吉思汗称汗登基时的斡儿朵（宫殿）建造的，由一座蒙古包式金顶大殿、两座侧殿、选汗台、成吉思汗战车和蒙古包群组成。

那达慕马术活动中心由赛马场、运动场组成，是为举办那达慕而建立。平时，这里由当地牧民表演马术，并为游客提供骑马、射箭、摔跤等娱乐活动项目。天骄大营是根据历史记载的成吉思汗军事大营而仿造的，由各种古老宫帐式建筑群组成，体现大汗、大草原、大气势特点。按星级标准建造的酒店中，游客可以品尝蒙古族风味食品、观赏元代大型宫廷歌舞《圣地古韵》、大型民族舞台剧《永远的成吉思汗》和鄂尔多斯民族歌舞《欢腾的鄂尔多斯》。

2. 旅游产业集群化发展概况。2009 年，成吉思汗陵景区接待游客 53. 7 万人次，旅游总收入 6 069 万元，增长趋势明显。伴随着成吉思汗陵旅游区的快速发展，相关旅游企业向景区集聚，景区内的交通、住宿、餐饮设施完善。交通方面，210 国道穿过伊金霍洛镇，还有神东矿区通往成吉思汗陵旅游区的旅游专线和环成吉思汗陵旅游区的观光通道。成吉思汗陵旅游区设有客运专线并每半小时有一趟客运汽车通过，均设有客运站。镇区到旅游区设有两条线路，有电瓶观光车为游客服务，而且在游览区、祭祀区和天骄大营分别设有乘降点，进出成吉思汗陵旅游区的外部交通标识齐全，规范、醒目。旅游区配有专用的停车场 5 个，总面积 7 万平方米，全部硬化，内分生态停车场、大型车辆停车场、小型车辆停车场、摩托车停车位、专用停车场。住宿方面和餐饮方面，景区内主要有天骄大营大酒店和布拉特浩特酒店，分别按照三、四星级酒店标准修建。天骄大营可容纳 1 400 人就餐，190 多人住宿；布拉格浩特酒店可同时容纳 300 多人就餐，80 多人住宿。此外，景区内的蒙古民俗村也是游客的主要就餐点，约 60 多户，可为游客提供方便的具有蒙古特色的饮食。购物方面，旅游区共有旅游购物场所 30 多处，购物场所展销商品达 1 000 多种，包括丰富多彩的各种旅游特色商品、旅游纪念品和地方特色美味食品，体现着浓郁的民族特色和地域特色。随着景区知名度的日益提高，对外营销宣传力度的不断加大，相关旅游企业还在不断向景区集聚。

二、旅游度假区依托型旅游产业集群

（一）定义与特征

1. 定义。旅游度假区依托型旅游产业集群主要是指围绕旅游度假区，以旅游度假区规模巨大的度假游客为服务对象，相关旅游企业组织集聚发展的旅游产业集群。为进一步扩大对外开放，开发利用我国丰富的旅游资源，促进我国旅游业由观光型向观光度假型转变，加快旅游事业发展，国务院决定在条件成熟的地方试办国家旅游度假区，鼓励外国和我国台湾、香港、澳门地区的企业、个人（以下简称外商）投资开发旅游设施和经营旅游项目。度假区鼓励开发建设和经营下列项目：

（1）度假村、宾馆、别墅、餐饮、购物设施；

（2）游乐、娱乐和文化、体育，健身设施；

（3）游览、交通旅游服务项目及其他第三产业项目；

（4）与旅游业直接有关的无污染的生产性项目；

（5）与度假区相配套的公用基础设施。

由于政策的优惠，自 1992 年 10 月国务院批准建立第一批 12 个国家旅游度假区以来，这一模式得到快速发展。目前仅省级旅游度假区就达到 120 家以上，相关的旅游产业链在度假区中得到集聚发展。

2. 特征。

（1）集群内旅游相关企业对度假区旅游资源依赖性极大，由于集聚区以度假旅游为产品定位，因此，度假旅游所依托的旅游资源就成为集群发展的根本。例如温泉疗养、海滨度假、森林度假等等，所依托自然资源的品质直接决定区域旅游产业集群的发展。

(2) 这种集群发展的关键在于资源品质，在于相关旅游企业组织的软硬件素质。进入集群发展的每一个企业都必须达到相应的接待标准，能够满足客人的度假要求，甚至是度假期望值。这是由度假旅游的特性决定的。

(3) 在我国，这种集群的成长多源于政府的规划与引导。由于度假旅游起点高，品质优，政府往往会出台一些进入标准，以提高准入门槛，保证发展质量。这在一定程度上限制了旅游产业集群的形成，但同时又促进了产业集群未来的健康与长远发展。

(二) 存在问题

1. 资金严重短缺致使度假旅游开发受阻。经济基础薄弱，总量小，资金市场发育不成熟，旅游企业积累能力低，银行贷款难，企业负担重，导致流向旅游业的资金偏少，使得度假旅游产品开发程度及旅游业产出水平与度假旅游资源富集区的地位极不相称。

2. 少数企业占有绝对优势，相关旅游企业数量极少。目前我国许多旅游度假区在饭店拥有量、标准的旅游服务车队拥有量、专业餐馆拥有量等方面表现欠佳。可以肯定的是，集群化发展还有很长的路要走。

3. 旅游基础设施不完善。以旅游交通为例，许多度假区交通问题依旧严峻，度假区内无论是区域内大游线还是核心景区的小游线，都没有形成环路。对外交通方面，高等级公路未通、铁路等级过低、可进入性差等问题极为突出，落后的基础设施成为制约旅游产业集群发展的重要因素。

4. 资源环境保护力度不够。目前多数旅游度假区还没有建立起一个完整的环境保护体系，甚至连一些必备的垃圾处理和污水处理等设施都没有。由于度假型旅游资源普遍自然生态环境本就十分脆弱，落后的保护条件必将为旅游度假区产业集群的发展带来不可估量的消极隐患。

5. 缺乏长远规划，目前多数度假区还没有形成一整套完备而长远的度假区旅游产业集群发展规划。

（三）发展路径

1. 创新发展思路，完善基础设施建设。基础设施建设不完备是制约我国度假区旅游产业集群成长的关键因素，而地区财政力量薄弱往往是造成这一问题的根本原因。集群的出路不能完全依赖财政资金，而是要通过发展思路的创新，推动发展政策的创新，引入市场运作模式，加大招商引资力度，创新基础设施建设的投融资模式，以加快基础设施的建设步伐。

2. 明确行动纲领，制定旅游产业集群发展规划。目前，度假区旅游产业集群发展前景看好，但动力却显著不足，归根结底，在于缺乏统一的发展纲领。对于集群的发展，大多至今没有明确的营销目标、明确的空间布局思路、明确的产业政策，以及明确的集群发展目标。这样的现实状况就决定了集群的发展一直处于滞缓与盲目发展的水平。因此，必须尽快出台一项专门的产业集群发展规划，以理清思路，统一思想，积极行动，推动发展。

3. 明确政府职能，创新旅游产业集群的运作模式。在度假区旅游产业集群的形成和发展过程中，当地政府的角色应是促进者和中间人，把相关的参与者集聚起来，培育相互依存的承诺和联系，积累区域社会资本，提供支撑性的基础设施，建立动态的有利于旅游产业集群发展的制度；同时，建立有效的激励机制。要积极投入，认真研究旅游产业集群的发展规律，脚踏实地，因地制宜地探索度假区旅游产业集群的成长路径，创新集群运作模式，实现跳跃式发展。

4. 加大营销宣传力度，提升品牌力量。度假区旅游产业集群的打造离不开政府的推动，但作为一般意义上的微观旅游企业组织，其更加看重的是投入带来的产出，看重的是未来的利润水平。其逐利的天性决定了集群集聚力的发挥终究跳不出市场运作的客观规律。强大的品牌影响力意味着强有力的市场号召力，意味着巨大市场规模背后的丰厚利润。因此，集聚区的品牌影响力便成为微观企业组织选择进入集聚区的重要因素。有鉴于此，度假区旅游产业集群必须加大营销宣传力度，通过打造品牌，以品牌推动企业集聚。

5. 提高资源意识，健全资源保护体系。由于旅游度假区依托型旅游产业集群对旅游资源具有极大的依赖性，资源的优劣直接影响并决定集群的发展。因此，保护集聚区所依赖的旅游资源，特别是自然旅游资源就成为集聚区发展过程中的首要任务。要通过多种途径提高游客、社区、企业，以及政府等相关社会群体的资源保护意识，完善资源保护的相关制度与措施，逐步构建科学有效的资源保护体系。

（四）发展实例：内蒙古阿尔山温泉度假区旅游产业集群

阿尔山市位于内蒙古自治区兴安盟西北部，横跨大兴安岭西南山麓。1996 年设立县级市，是一座新兴的边境旅游疗养城市。依托独特的资源和地缘优势，阿尔山确立了以旅游业为主导产业的发展战略，并逐步打造成具有时代特点的“中国内陆综合性旅游度假区”和“国际型旅游名城”。阿尔山是一座因水得名、因泉而兴的旅游城市，这里有着丰富的草原资源、森林资源、冰雪资源和世界稀有的矿泉资源，并以神奇的矿泉而著称于世。据地质科考证明，2.5 亿年前到距今 2000 年期间，阿尔山地区一直有着程度不同的地质活动，古老地质运动造就了这些神奇的矿泉和丰富多彩的火山地质遗迹。目前阿尔山境内已发现的温泉有 76 眼，集中在海神疗养院内的就有 48 眼。这些天然矿泉，集中了由 0～48 摄氏度的冷泉、温泉、热泉、高热泉 4 种类型。矿泉水含有大量人体所需的有益元素和矿物质，对人体具有独特的保健作用。通过浸泡、饮用、洗浴，可治疗皮肤病、风湿、类风湿、关节炎、妇科病等 30 多种疑难病症，对心脑血管、呼吸、消化、泌尿、代谢、血液、神经、骨骼八大系统 60 多种疾病，也有明显的治愈功效，因而备受国内外疗养者的青睐。每年来这里的洗浴者达几十万人次。每年冬季，各地来阿尔山参加滑雪运动的八方客人，滑雪之后都要来海神疗养院，以洗浴天然温泉驱除一天的疲倦。

内蒙古海神集团于 2002 年 10 月 16 日进驻阿尔山市投资建设发展旅游

疗养事业。入驻阿尔山市不足3个月时间，该集团在原内蒙古阿尔山工人疗养院的基础上，转制重新组建了阿尔山海神圣泉疗养有限责任公司，相继成立了海神圣泉旅游度假区，是阿尔山市乃至兴安盟第一家大型招商民营企业。2004年12月，该公司被国家旅游局评为国家4A级旅游景区。公司成立以来，投资3.1亿元，从疗养设施的大力改造，到旅游、疗养内外整体环境的全新改善，从潜心挖掘温泉旅游、矿泉疗养文化内涵，到精心打造旅游、疗养的魅力亮点，都发生了突破性的巨变。如今公司已成为拉动阿尔山市乃至兴安盟旅游产业经济快速发展的龙头企业。

该公司自2003年年初组建以来，始终坚持把宝贵的矿泉资源、生态环境保护好、员工利益维护好、疗养业发展规划好建设好这一发展思路的基础上，加大投资力度，全力改善旅游疗养设施和整体环境。几年时间，公司先后投资近7 000万元，对疗养院内原有京都浴场、圣泉浴场、木刻楞浴场、大众浴场及48眼矿泉池等疗养设施，进行两次大规模的精心改造、扩建及装饰，使浴场内外设施新颖别致、环境幽雅。同时，公司利用专项资金，对各浴场、宾馆、酒店按国家有关要求配有中、英文字样的旅游、疗养标识近百种，在疗养院内设有标准间距的卫生垃圾桶几十个，并设立几处面积大小不同的停车场，添置了一些具有区域风格特色、适于疗养休闲的新景观，使疗养设施及疗养整体环境实现了高档次、高标准、高品位。

2003年8~9月间，该度假区投资近2 000万元资金，在疗养院南侧“母亲山”脚下新建50座具有民族特色的集旅游、休闲、餐饮、住宿、娱乐为一体的蒙古包大营。每到旅游旺季，白天为游客提供组织摔跤、赛马、草原风情骑马、骑骆驼等多种民族赛事活动体验，夜晚举办各种形式的篝火晚会、文艺演出等娱乐活动，使蒙古大营形成旅游观光、休闲度假、文化娱乐、餐饮住宿四位一体的旅游格局，充分展现民族特色的服务模式。几年来，蒙古大营已经成为阿尔山旅游观光、休闲度假的理想去处。2005年春，度假区还投入15万元资金，购进两辆新型旅游观光电瓶车，供游客和疗养人员在市区观光游览，成为阿尔山旅游中的又一个新的亮点。

为更好地开发好、保护好、利用好世界稀有的宝贵矿泉资源，2005年7

月底，阿尔山海神圣泉旅游度假区投入7 600万余元资金，兴建了一座总面积达6 000平方米、具有国际先进水平的中国温泉博物馆。该博物馆建筑设计新颖、别具特色，采用全钢架塑钢玻璃结构，馆内栽植了上百种热带植物，由多种花草树木相映衬的人造景观与天然温泉融为一体，并通过各温泉的流量及功效要素，研究规划出各自不同形态的温泉分布形状，与营造的自然生态景观巧妙结合，充分展示自然生态景观的魅力。馆内共有37眼治疗不同疾病的泉眼，一池一景，休闲亭旁，还有鸟语与宾客相伴。馆内游泳区用各种树木、花草作为天然屏障，整个疗养温泉区营造出馆中有园、园中有泉、天人合一四季如春的境界。透过玻璃，不论是炎炎的夏日，还是千里冰封的严冬，大自然的奇观异景令宾客尽收眼底，使慕名而来的旅游疗养者在这里洗浴、疗养、休闲、保健、游乐时，尽情放松。

海神度假区致力于把旅游疗养产业矿泉品牌做大、做强，牢牢把握阿尔山市近年旅游产业建设发展这一良机，不断拓宽旅游、疗养产业市场新渠道，全力营造高标准、高档次、高品位旅游疗养服务氛围，为旅游、疗养各项事业的蓬勃发展注入新的活力。目前，该度假区充分利用疗养院湿地有利条件，继续加大资金投入力度，立足把列入规划的水上休闲乐园修建好，为阿尔山市旅游业发展再增添一道美丽的新亮点。

三、环城游憩带依托型旅游产业集群

（一）定义与特征

1. 定义。“环城游憩带”（Recreational Belt Around Metr - opolis，ReBAM）指发生在大城市郊区，主要为城市居民光顾的游憩设施、场所和公共空间，特定情况下还包括位于城郊的外来旅游者经常光顾的各级旅游目的地，一起形成的环大都市游憩活动频发地带。其实，环绕城市周边的游憩地带在 20 世纪 80 年代初已经被前苏联地理学家注意到。Ball 也曾在大伦敦周围观察到环形的游憩地带。

2. 特征。

（1）环城游憩带满足了城市居民的三个共性需求。这三个共性需求即休闲气息浓、娱乐项目多、康体要求高。市民需要的是改造的乡村、改造的自然，在追求乡村环境和亲近自然的同时，最终体现的还是城市生活的本质。一些自然景区点把粗制滥造解释为体现原汁原味，是难以满足城市居民真实需求的。

（2）构造环城游憩带旅游产品的复合性。环城游憩带旅游产品的复合性表现在休闲和度假两个方面，但其又与纯粹的观光性项目和度假性项目有所不同，更多地体现了项目的混合性和兼容性。

（3）精心建设环城游憩带各景区的独特卖点是其可持续发展的关键。投资主体的多元性和旅游产品的复合性，决定了景区（点）产品的同质化，这就要求景区要策划第一，突出主题。

（4）环城游憩带的可持续性利用不可忽视。环城游憩带的自然生态景观和资源对城市居民而言不仅是有限的，而且是非常宝贵的不可再生资源。应该根据其有限的承载力，科学规划，尽最大努力保护好城市周边这块具有优良生态环境的净土。

（二）存在问题

1. 旅游产品开发层次较低，存在初级化和单一性开发问题。尽管很多城市环城地带不断有新旅游产品出现，但大多数旅游产品不成熟，开发档次低。一些景区景点在基本不具备接待能力的情况下匆匆开放，景区景点道路杂乱无序，卫生状况差，接待设施薄弱，管理不规范，景点交通路线标志不明确。由于开发技术较差、资金短缺，甚至是破坏性开发，开发中的初级化、单一性问题非常突出，造成城市环城游憩带旅游产品内涵不足，缺乏核心竞争力。旅游景点的活动方式仅限于提供观赏、棋牌、餐饮、住宿等活动，与农业、乡村文化、地域特色等结合不紧密，旅游产品的知识性、趣味性差，活动的参与性小，加上产品雷同且长期不更新，不能满足游客多层次、多样化的需求，导致游客随游览次数的增多而满意程度降低，一旦有新的旅游产品出现，客源就大量流失。

2. 资源的整合不足，没有形成规模，区域联动与协作开发意识差。尽管很多城市市郊各地区普遍重视旅游资源的开发，但囿于传统的旅游理念，在旅游市场的建设上缺乏区域联动与协作开发意识，重复建设、项目雷同现象突出，缺乏大市场、大旅游的经营理念。如在旅游线路的整合上，人为以行政区划分割旅游产品线路，旅游资源难以共享。城市环城游憩带不仅景点分布散、规模小，无法形成规模效应，而且景点单体规模小，游客停留时间短，旅游景区难以获得发展的推动力和良好的经济效益。旅游景点大多市场定位不准，景点分散没有形成合理的旅游网络，小、散、弱、差现象突出。

3. 旅游景区管理不够规范。旅游业集观光、购物、餐饮、娱乐等为一体，对服务水平要求很高。目前大多数城市环城游憩带的景区缺乏规范化、标准化的管理办法，乡村旅游的规章制度和管理机制不健全，致使部分接待设施、硬件建设不够，软件管理跟不上，服务不能上档次。旅游区的道路建设、配套设施建设、管理服务用房等用地结构和布局比较散乱，没有统一的标准和要求，各行其是，游客的餐饮、住宿、娱乐在安全、卫生等方面还不规范。此外，农业部门、旅游部门与其他相关部门在管理上还不够协调，各种乡村旅游载体的经营者之间缺乏联络和信息沟通，没有形成统一的行业规范，从一定程度上削弱了旅游景点的整体竞争力和市场拓展力。

4. 旅游景点的交通条件较差。环城游憩带的快速发展，必须要求有便利的旅游交通条件，不仅需要景区与城区之间有较为便利的交通，而且还对景区之间的交通可达性有较高要求。城郊单个景区整合成环城游憩带的首要条件就是便利的交通。然而，许多城市由市区通往环城带旅游景点的道路等级低，交通可达性较差，需要转乘摩托车等其他车辆或徒步进入。道路设施的不完善导致旅游者看不到路标而找不到目的地的情况时有发生，自驾车旅游者在乡村道路上行走艰难，游客苦于交通上的不便利放弃出游，严重制约了环城游憩带的发展。

（三）发展路径

1. 进一步加强核心城区的城市化发展。城市化的发展对地区经济的发展有着巨大的推动作用，对环城游憩带的发展更是具有举足轻重的作用。因此，应该紧紧抓住机遇，大力加强核心城区的城市化发展，为环城游憩带的发展做好前提准备。在城市化发展形态下环城游憩带的空间形态演进过程中，每一个阶段环城游憩带的发展都是不同的，只有城市化在高速发展的情况下，环城游憩带才能更快更好地发展，才能发展成为蛛网式结构，才能发展成更为有意义的区域大环城游憩带。

2. 进一步加强城市的生态环境保护，实现城市环城游憩带和城市化发展的良性互动。环城游憩带作为休闲旅游目的地本质上是各种旅游的一种组合，其中最重要的就是要保护好环城游憩带内的生态环境，生态环境的好坏直接决定环城游憩带发展的好坏。城市环城游憩带所依托的是环城市周边的生态环境优势，失掉这一优势，环城游憩则无立身之本，因此应当把生态保护作为第一原则确立下来。

3. 加强环城游憩带各景区的基础设施建设，提高软硬件条件的建设。基础设施条件较差是限制环城游憩带发展的一个较为主要的障碍，在开发环城游憩带时，应该加强整个游憩产业体系的发展，改善周边地区基础设施的建设，对旅游带的吃、住、行、购、娱等要素设施都要进行进一步的提高、改善。特别是城市周边的一些重点旅游项目、景区更应如此。除此之外还要加快城市旅游软环境建设，如旅游网络、旅游人才的培养以及旅游服务质量的进一步提高等。旅游工作人员素质的提高也是环城游憩带可持续发展的一个重要条件。

4. 加强区域合作联动，强化环城游憩带各旅游景区的竞争力。加强区域旅游合作，有效整合区域市场资源，充分利用区域经济发展的各项有利因素和条件，密切关注国内外的旅游发展动态和趋势，积极发展环城游憩带，既有利于促进区域旅游产业集群的发展，又有利于当地环城游憩带的发展，还可以提升对外开发的形象和交流的合作层次。许多城市周边的旅游资源是比较丰富的，但却又都是零散发展状态。目前，迫切需要把这些旅游资源整合成具有核心竞争力的旅游产品，使其向经济优势转换。只有通过不同的组合方式，将城郊那些零星的、点状分布的、散乱的旅游资源重新整合，开发出精品旅游线路以吸引游憩者前来消费，才能更好更快地开发环城游憩带。

5. 加强宣传促销力度，扩大环城游憩带景区知名度。要想快速发展环城游憩带，就要利用各种媒体、各种渠道进行宣传。可以通过电视、广播、报刊等各种媒体的广告促销方式与游客交流。政府有关部门应该充分发挥其主导作用，为各个景区做好宣传工作，加强景区基础设施等各方面投入。各旅游景区还应该根据自身的市场定位进行更深入的宣传直销活动，如休闲度假山庄等消费档次较高的可以针对企事业单位进行宣传，消费档次较低的景区可以到大中专院校以及社区等地区开展宣传，通过景区图片展览、特色民族歌舞表演等宣传活动，提高景区的知名度，吸引不同层次的游客。

（四）发展实例：呼和浩特市环城游憩带旅游产业集群

1. 呼和浩特概况。

“呼和浩特”是蒙古语音译，意为“青色的城”，是内蒙古自治区首府，全区政治、经济、文化和金融中心，是国家森林城市、全国民族团结进步模范城、全国双拥模范城、国家创新型试点城市和中国经济实力百强城市，被誉为“中国乳都”。全市总面积 1.72 万平方公里，常住人口 291 万人，以蒙古族为主体，汉族占多数，回、满、达斡尔、鄂温克等 41 个民族聚居。现辖 4 区、4 县、1 旗和 1 个国家级经济技术开发区（其中下辖 1 个国家级出口加工区）。呼和浩特北依大青山、南濒黄河水，地形东北高、西南低，地势平缓，市区平均海拔 1 050 米。属中温带干旱半干旱大陆性季风气候，年平均气温 3.5℃～8℃，年平均降水量 337～418 毫米，四季变化明显，气候宜人。

呼和浩特有着悠久的历史和光辉灿烂的文化，是华夏文明的发祥地之一。这里是胡服骑射的发祥地，是昭君出塞的目的地，是鲜卑拓跋的龙兴地，是唐宗李氏的出生地，是“一代天骄”弯弓射雕之地，是旅蒙商家互市之地，是丝茶驼路中转之地，是召庙文化盛行之地，是北方古代民族相互交流融合的军事要地，是游牧文明和农耕文明交汇、碰撞、融合的前沿。从距今七十万年的大窑文化开始，历经云中郡、盛乐城、丰州城。明隆庆六年（1572 年），蒙古土默特部阿拉坦汗与明廷“通贡互市”建立友好关系，并在这里修建城池，命名为“归化”，蒙古族人民称为“库库和屯”（即“呼和浩特”）。清乾隆四年（1739 年），清政府在归化城东北部新建“绥远城”。从此，呼和浩特逐渐成为商旅往来、百业汇集、人口密集的商业中心和北方重镇。中华民国二年（1913 年），国民政府设立“绥远特别行政区”，将“归化”与“绥远”两城合并为归绥县。中华民国十七年（1928 年），绥远省国民政府成立，归绥改县为市，定为省会。1950 年，归绥市人民政府在呼和浩特成立。1954 年绥远省撤销，所辖地区划归内蒙古自治区，归绥市定为自治区首府，并恢复原名“呼和浩特”。

呼和浩特市是国家历史文化名城、中国优秀旅游城市。市区内有众多历史遗存，有战国赵、秦、汉、明朝的古长城；有北魏盛乐古城遗址；有见证胡汉和亲、被誉为民族团结象征金字塔的昭君博物院；有内蒙古建立最早、地位最高，影响最大的黄教寺庙大召寺；有清王朝管辖漠南、漠北等地 74 位将军戍边居住的将军衙署；有现存我国和世界唯一的蒙文标注的天文石刻图的金钢座舍利宝塔（五塔寺）；有发现世界上年代最早纸币“中统元宝交钞”的辽代万部华严经（白）塔；有清康熙帝六女儿和硕恪靖公主的公主府；有树立蒙、藏、汉、满四种文字雕刻的康熙帝亲征噶尔丹纪功碑，号称“召城瑰宝”的席力图召。境内还有哈达门高原牧场、黄河老牛湾长城文化旅游区、神泉生态旅游风景区、“塞外西湖”哈素海、伊利和蒙牛两大工业园区的工业旅游、正在倾力打造的 300 万亩国家级大青山生态保护区，以及乡村、民俗、红色旅游等精品特色旅游项目。同时，呼和浩特也是北上草原、西行大漠、南观黄河、东眺京津的重要旅游集散中心。

呼和浩特作为我国北方发展较快的草原都市，是一座充满活力和魅力的城市，发展潜力巨大。从区位优势看，呼和浩特市是除石家庄以外距离首都北京最近的省会城市，不仅地处环渤海腹地，还是国家向北、向西开放的前沿阵地；不仅地处“呼包银”经济带核心及“呼包鄂”金三角中心，还是连接黄河经济带、亚欧大陆桥、环渤海经济区域的重要桥梁；不仅是引领内蒙古快速发展的呼包鄂经济圈内重要的增长极，还是国家主体功能区规划“呼包鄂榆重点开发区”中心城市、国家实施西部大开发战略中重要的中心城市之一。作为全国 45 个交通枢纽城市，呼和浩特市拥有全方位、立体化、大运量的交通运输网络体系。已建和在建的出区通道有 7 条高速、5 条铁路线。白塔国际机场作为自治区内唯一的国际口岸机场，已开通国内外 81 条航线，通航 51 个城市；直通法兰克福的国际集装箱铁路专列横跨欧亚大陆桥沿线 6 个国家，运行周期约 15 天，运行全程近万公里，是目前国际铁路集装箱营运路程最长的铁路之一。

从经济活力看，进入 21 世纪以来，呼和浩特的经济社会发展呈现大好形势，具有以下几个鲜明特色：一是增速较快。“十一五”期间，全市 GDP 平均增速达到 15.8%。二是结构较优。2011 年全市 GDP 达到 2 177 亿元，人均 GDP 达到 72 566 元，折合 11 945 美元。三次产业比为 5.0∶36.3∶58.7，服务业成为具有首府特征的全市国民经济的第一大产业，增加值达到 1 277 亿元。工业形成了以乳业、电力、电子、新能源、新材料以及化工、冶金、生物制药等产业为主的现代工业体系。三是自主增长机制正在加快形成。2011 年民间投资占到全市固定资产投资的 60%。

从发展要素看，到 2011 年年末，呼和浩特市常住总人口 291 万人，基础教育体系完善，科教、人才资源较为集中，市内拥有各类高等院校 22 所，在校学生 22 万人，集中了内蒙古 70% 的科技与教育资源。呼和浩特市地处“南粮北牧、东林西铁、遍地宝藏”的内蒙古中心地带，市内市岭土、陶土、白云岩、水泥灰岩等矿产资源较为丰富，特别陶土资源储量之大、品位之高位居全国前列。煤、电、风、太阳等能源资源在全国处于优势地位。与呼和浩特市接壤的全国五大露天煤矿之一的准格尔煤田已探明储量260亿吨；距呼和浩特约300公里的苏里格气田是全国最大的整装大气田。电力装机已达1 000万千瓦。太阳能和风能资源均属国家二类地区，市域北部可利用的风能资源在400万千瓦以上，大部分地区年日照数在2 800 ~ 3 100小时，加之便利的交通条件和广阔的市场空间，是发展煤化工、电力、冶金、机械、光伏产业的理想区域。

从城市竞争力看，中心城区建成区面积由2005年的140平方公里拓展到目前的230平方公里，市区常住人口由140万人增加到220万人。城镇居民人均可支配收入和农民人均纯收入分别达到28 877元和10 038元，两项指标分列第五和第九，进入全国省会城市第一梯队，在西部省会城市中均列第一。近年来，呼和浩特市先后荣膺“全球经济增长20强城市”“中国经济实力百强城市”“中国投资环境50优城市”“中国特色魅力城市200强”“中国最具魅力金融生态城市”“最具投资价值的中国新能源产业城市”和“中国十大节庆城市”等称号，成功创建为国家森林城市，并正在向全国文明城市、国家园林城市的行列迈进。2011年城区空气质量优良天数达到347天，成为北方地区空气质量最好的城市之一。

2. 呼和浩特市环城游憩带旅游产业集群发展概况。“十一五”期间，呼和浩特高度重视旅游业发展，不断加强组织领导，理清工作思路，增加资金投入。旅游部门紧紧围绕市委、市政府的工作思路，狠抓各项工作落实，圆满完成了“十一五”旅游业发展主要任务。2006 ~ 2010年，全市实现旅游总收入445亿元，接待游客2 990万人次，接待国内外游客从2006年的489万人次增加到2010年的1 311.54万人次，平均增幅为28%；旅游收入从2006年的69亿元增长到2010年的183.47亿元，平均增幅28%。国内旅游人数、旅游业总收入提前两年完成“十一五”规划任务，旅游业成为呼和浩特国民经济中发展速度最快的产业之一。伴随着呼和浩特市城镇化进程的加快，城市居民人口不断增加，呼和浩特市城郊休闲旅游市场日益兴盛。在此大背景下，由市场拉动的环城游憩带发展迅速，环城游憩带旅游产业集群发展势头迅猛，已经形成了空间布局比较合理、旅游产业体系相对完备、产业运行基本稳健，产业效益明显提升的良好发展格局。结合《呼和浩特市旅游业“十二五”发展规划纲要》，可以清晰地看到呼和浩特市环城游憩带旅游产业集群的发展前景。

（1）沿大青山休闲度假游憩带。沿大青山旅游带是打造呼和浩特市休闲度假城市的一个重要游憩带。以大青山为依托，整合位于山脚下及沟谷中的旅游资源，建设资源类型丰富、旅游功能齐全的大青山麓沟域休闲游憩带和大青山休闲农业旅游带，将重点开发各类休闲旅游度假区，使其成为呼和浩特环城游憩带的重要组成部分。具体包括：大青山生态公园、内蒙古敕勒川文化旅游产业园、哈达门国家森林公园、乌素图生态旅游景区、明大山水园、大毕克齐村生态农业观光园等重点旅游项目的建设。

（2）沿黄河民俗风情游憩带。整体谋划沿黄河旅游的空间布局、发展重点和特色线路，严格保护、合理利用旅游资源，搞好资源开发的宏观调控，打造独具特色的旅游精品，形成在国内外市场上富有特色和吸引力的沿黄河游憩带。将重点开发建设黄河大峡谷风情旅游区、云滚洞旅游度假山庄、神泉生态旅游区、南湖湿地公园等项目，推动黄河流域旅游的互动发展。

（3）工业旅游游憩带。工业旅游具有观赏性、知识性、参与性等多种特点和优势，对游客有着巨大的吸引力。和林县工业旅游底蕴深厚，形态丰富，发展工业旅游不仅会提升和林县的知名度与影响力，还会给入驻盛乐经济园区的品牌企业带来前所未有的发展机遇。未来要打造以园区特色品牌为立足点，充分发挥政府的引导作用、企业的主体作用、旅行社的媒介作用，在“十二五”期间将盛乐经济园区打造成全国著名的工业旅游园区，使工业旅游园区与和林县旅游景区融为一体，成为旅游的新热点、城市的新亮点、企业的新卖点、工业经济的增长点。

（4）农业、生态观光游憩带。充分利用呼和浩特市优越的地理位置和丰富的自然资源优势，不断调整步伐，将重点开发建设香岛生态农业产业园、昭君西苑农域生态园、舍必崖观光农业园等项目，以绿色、生态、自然的农业资源为载体，为游客提供观光、赏景、采摘、游玩等项目。

四、城市依托型旅游产业集群

（一）定义与特征

1. 定义。城市依托型旅游产业集群主要是指在城市某一区位围绕旅游核心吸引物或旅游项目发展起来的旅游产业集群，或者是城市旅游引致的旅游企业在城市某个区位集聚发展而成的旅游产业集群，如美国拉斯维加斯博彩旅游业集群、深圳华侨城主题旅游集群、南京钟山景区集群等。这类旅游产业集群的优势是能充分利用城市的公共产品（包括公共设施、制度和政府公共服务水平）以及城市社会化生产的外部经济效应，提高集群柔性生产能力，降低旅游企业的经常性开支和经营风险。

2. 特征。

（1）这类集群的外向性更为明显，企业的竞争和合作不仅限于集群内，企业间的联系相对较弱。

（2）城市的发达程度，特别是城市旅游业的发达程度直接影响并制约旅游产业集群的发展。因此，如何充分利用城市经济的外部效应，通过发挥企业临近的合作优势加快创新和提高整体竞争力是集群发展的关键所在。

（3）城市管理水平是衡量产业集群发展品质的重要指标。由于旅游企业集群发展取决于对城市诸多要素的考量，例如基础设施、城市规划、城市品牌、城市文化等等，而这些要素的发展情况、运作水平、协调程度都依托于城市的管理水平，因此城市管理的好与坏直接关系到旅游产业集群的形成。

（二）存在问题

1. 宣传力度和促销手段不足。城市依托型旅游产业集群往往对城市的知名度，特别是旅游城市的对外影响力有极强大依赖性。而我国许多旅游城市对外宣传力度不够，促销手段单一，旅游品牌影响力薄弱，这直接制约了企业的积聚。

2. 城市配套设施需要进一步完善与建设。依托城市的旅游产业集群对城市的要求更加苛刻。旅游企业向城市的聚集，除了关注集群带来的利润水平之外，对城市基础设施的建设水平、配套体系、先进程度都有着过细的要求。旅游企业不但是旅游产品与服务的提供者，同时也是城市生活的享用者，他们对城市的认同感与归属感是影响其选择聚集的重要因素。目前我国许多旅游城市对这一点的认识还不够深刻，还存在着很大的努力空间。

3. 城市管理水平欠佳，特别是软件水平有待提升。厚重的城市文化积淀、和谐的城市社会环境，这些彰显城市软实力的内容是形成旅游产业集群的隐形因素。虽然硬件建设对于吸引企业集聚具有显著的效力，但柔性的城市软件却更能给城市旅游产业集群带来持久的动力。而现实是，旅游城市将更多的精力投入到了硬件设施的建设，对软件要素的建设却多有不足。

4. 旅游产业链条短，旅游产品开发不足，游客参与度低。在我国，许多旅游城市规模偏小，产业结构单一，对旅游业依赖性强，其他产业发展或者先天不足，或者后劲乏力，客观上造成了支撑旅游产业发展的相关产业体系发展不完善，在一定程度上制约了旅游城市的对外吸引力，对于城市依托型旅游产业集群的形成与发展极为不利。由于城市整体产业发展的不均衡，居于优势地位的旅游产业也会受到影响，例如产品种类单一，游客体验乏味等，这进一步又阻碍了旅游产业的向前发展，影响集群化的进程。

5. 旅游业相关人员素质偏低，影响旅游业的整体形象。旅游人员服务意识不强，个人素质制约其服务质量的提升，影响城市旅游业的发展。

（三）发展路径

1. 加快旅游资源开发和基础设施建设，不断完善城市旅游功能。城市依托型旅游产业集群往往有着丰富的旅游资源，且有着优越的区位优势。但从产业集群的角度考量，必须构筑以“食、住、行、购、游、娱”为一体的旅游配套体系。要在景点开发的深度上做文章，进一步发挥资源优势，优化产品结构，实施大旅游的发展战略，加强对旅游资源开发力度，进一步创造优美的城市旅游环境，不断完善城市的接待能力和旅游功能。

2. 解放思想，更新观念，开拓性发展旅游业。以上海全力打造大都市风格为例，其国际韵味足并倡导多元文化，旅游产业结构已发生根本性变化，从纯粹观光型到休闲度假型和商务旅行转变，并借世博会的举办加快了城市旅游业的转型。要打造成熟的旅游产业，坚持深度发展及延伸旅游文化内涵，坚持文化与资源相结合；提升旅游产业结构，突出重点，强调精致又不丢失质朴的地域特色。

3. 加强旅游资源和宣传力度。旅游业发展面临的困难越大，越需要做好宣传促销。一方面，要加大宣传工作力度。尽量在影响面广、受众多的报纸杂志上提高知名度，还可以在航空公司的杂志上做广告。飞机乘客基本上都是旅游受众，属中高端消费群体，宣传效果好。另一方面，应加大境外旅游宣传促销的投放力度。旅游资源、旅游产品开发是旅游业发展的基础，而市场开拓和市场促销是发展的关键。旅游是形象产业，精心包装，大造声势，非常必要。以旅游活动造势，在节假日上做文章，通过媒体搞宣传，扩大城市的知名度和影响力，吸引国内外更多的游客来观光旅游。

4. 加大招商引资力度。旅游这个新兴的支柱产业，需要全社会参与，形成方方面面的合力，单靠政府力量不行，还要走好招商引资市场化运作的路子，更多地吸纳外资，引导和鼓励个体私营经济增加对旅游产品的投入，并把旅游作为大招商的内容之一，将旅游基础设施建设纳入城市招商引资项目库，实行优惠政策，加大对外招商引资力度。

5. 加强管理，搞好服务，切实维护旅游城市的良好形象。进一步加强法制建设，完善旅游管理法律体系；推行旅游标准化，强化旅游行业管理；努力提高服务意识，维护好旅游者的合法权益和经营者的经营环境；加快旅游企业改革，加强旅游人才培养，塑造一大批与国际接轨的现代旅游企业和经营管理人才，以抢占国内外旅游市场的制高点。

（四）发展实例：满洲里市旅游产业集群

满洲里市旅游资源得天独厚，魅力无穷，被誉为“北疆明珠”。绿草如茵的呼伦贝尔大草原辽远无际碧波荡漾的呼伦湖，纤尘不染；巍峨耸立的国门，庄严肃穆；热情奔放的蒙古风情，雄浑厚重；承继远古文明的扎赉诺尔文化，源远流长；中西交融的城市风格，独具魅力。这一切编织成一幅幅自然生态与现代景观、远古文化与现代文明、民族文化与异域风情交融和谐的优美画面，令无数海内外游人心驰神往。2006 年，满洲里市喜获“CCTV2006 年度中国魅力城市”殊荣。2009 年 1 月 20 日，满洲里市被授予“全国文明城市”称号，这是内蒙古继包头市获得首批全国文明城市称号后，第二个获此殊荣的城市，更是全国唯一一个获得此项荣誉的口岸城市。这些名誉的取得，无疑是对满洲里市开发旅游项目和加大旅游基础设施建设、提升满洲里在国内外城市的地位和知名度起到了不可替代的推动作用。2004～2008 年，满洲里旅游总收入累计实现 116. 2 亿元，年均增长 16. 5%；旅游创汇累计实现 10. 1 亿美元，年均增长 10. 4%。目前，满洲里旅游产业发展已初具规模。满洲里市境内已经初步形成了“六点一线”（六点：达赉湖自然景区、国门景区、中俄互市贸易景区、套娃广场景区、铁木真大汗行营景区、二子湖自然景区；一线：北湖公园沿湖景观带）的旅游发展框架。其中，国门景区和套娃广场景区被评为国家 4A 级景区。旅游项目初步形成以融合城市观光游、红色记忆游、异域风情游、访古文化游、界河生态游为主题的一日游和多日游线路。交通发展形成以航空、铁路和公路并举的交通格局，市区内出租车、公交车更是极为便利。2011 年，全市共有 22 家旅行社，其中国际社 10 家，国内社 12 家。全市星级宾馆达到 13 家，房间 1 931 间，4 095 张床位，星级宾馆日接待能力超过 4 000 人。

Chapter 5

第五章
旅游集群企业的融资策略

旅游产业集群的迅速崛起，已经成为地区经济新的发展亮点和发展模式。但旅游产业集群企业仍然存在资金投入不足、金融服务支持力度不够等制约因素，严重影响了旅游产业企业的效果。旅游产业集群离不开资金的支持，国家发展和改革委员会在（发改企业［2007］2897号）《国家发展改革委关于印发促进企业的若干意见的通知》中明确指出，加大对产业集群财政和金融支持力度。统筹政府相关部门政策手段，形成共同扶持企业的合力。加强产业集群与各类金融机构的对接与合作，搭建产业集群新型融资平台，开展以产业集群旅游产业发行集合式企业债券等方式进入资本市场的探索。所以，旅游产业集群融资问题是旅游产业集群发展的又一重要课题。

一、旅游产业集群融资面临的困难与优势

（一）旅游产业集群融资面临的困难

产业集群的融资优势十分明显，但目前我国旅游产业集群的融资优势并未充分发挥出来。其主要表现在如下方面：

1. 内部自身条件的限制。

（1）信用观念淡薄。目前我国旅游产业集群中多是中小企业，主要的融资渠道是商业银行，但是中小企业的还贷问题是商业银行心中永远的痛。中小企业到期贷款不还或无力偿还银行贷款现象较普遍，逃废银行债务严重，很多企业借钱时就没有准备还钱，有些企业则想方设法悬空或逃债，导致中小企业群体信用的短缺；中小企业内部治理机构和控制机制不健全，银行贷款所需的证账表管理混乱、不齐或不实，同时中小企业普遍存在法人资产与自然人资产没有严格区分的现象，当企业经营发生困难时，抽逃企业资产的现象时有发生而且很难控制，贷款的保证往往得不到落实；中小企业在发展初期风险比较大，没有过硬的信用记录，这些都是银行不愿意贷款给中小企业的原因。

（2）抵押担保不足，信用等级低。抵押担保是目前最主要的贷款方式。为减少银行的不良资产，防范金融风险，近年以来，各商业银行普遍推行了抵押担保制度，只有极少数企业能在授信度内享受信用贷款。而旅游产业集群中的企业不动产规模普遍较小，也难以提供足值抵押，加上目前抵押贷款率较低，抵押不足的矛盾更为突出。而且由于难以找到合适的担保人，效益好的企业不愿替别人作保，效益一般或太差的企业银行又不认同其担保资格。

（3）法律意识不强。在贷款取得、材料采购等方面，旅游产业集群中的企业经营者们更多考虑的是眼前利益，千方百计向银行等金融机构贷款、向供货单位赊购材料，而常常不按合同办事，到期的贷款不能偿还，应付的材料款不按时支付，预收的贷款不能如期履约，最终金融机构不再放贷，供应商不再向企业赊销，其结果只能是资金更加紧张，生产难以维系，长远利益得不到保障。

（4）财务管理水平有待进一步规范。目前中小企业在财务制度、企业信息、缺乏审计部门确认和经营业绩等方面的问题，增加了银行对企业财务信息的审查难度，银行经营面临的风险较大。

2. 外部环境的限制。

（1）从金融业的角度来看。金融业实行的谨慎原则，不利于风险性较高的中小企业的融资。谨慎原则对整个国民经济的健康发展当然是非常重要的，然而在客观上也给风险性较高的中小企业的融资带来了极为不利的影响，往往会使一些非常有前途的中小企业丧失极好的发展机会。金融企业融资手续烦琐、耗时耗精力，影响了中小企业的融资积极性。中小企业融资量少、频率高，需要简单快捷的服务。然而，金融部门为安全起见，必须有一套完整的融资手续，这就难以满足中小企业融资简单快捷的要求。金融企业"嫌贫爱富"，喜欢"批发"，不喜欢"零售"，使中小企业融资处于不利地位。大企业信誉好、融资量大，深得金融机构的喜欢，往往是信用资金追着贷，而且多得用不完；相反，中小企业缺乏良好的信誉，融资额度有限，所以融资比较困难。

（2）从融资渠道的角度来看。现行的管理体制决定中小企业很难争取到发行股票上市的机会，在发行企业债券上，发行额度小而且很难获准，因此中小企业不能像大企业那样发行股票和债券。融资渠道单一，主要是从金融机构那里取得贷款，而且获取的资金规模非常有限。尽管一些担保公司为中小企业的贷款提供了一定的保障，但其所提供保障的企业数极为有限，难以满足为数众多的中小企业的需求，而其他一些融资方式如融资租赁、票据、信用担保还没有真正展开。

3. 其他问题的限制。社会中介服务机构不健全，旅游产业集群中的很多企业担保难、抵押难。企业要办理一笔财产抵押，需办理财产评估、登记、保险、公证等复杂的手续，涉及许多职能部门，并要提供多种相关资料，办理贷款的时间相对较长。抵押登记和评估费用高、随意性大，银行对企业的贷款抵押率较低，企业通过抵押实际得到的贷款数额相对较小。

（二）旅游产业集群融资优势

旅游产业集群是指在某一特定领域中（通常以一个主导产业为核心），大量产业联系密切的旅游产业在空间上集聚，通过协同作用，形成强劲、持续竞争优势的现象。其特征决定了旅游产业集群融资所具有的优势：

1. 银行交易成本低。由于旅游产业集群通常以一个主导产业为核心，企业的产业特性比较容易把握，加上集群内部形成了比较紧密的分工联系，金融机构很容易从客户在产业链条中的地位、关联企业的状况等方面判断企业的实际经营状况。由于地理上的邻近性，集群内企业之间往往比较熟悉，金融机构可以方便地从其他企业间接了解目标企业的相关信息。银行给同一集群的众多企业贷款，贷前调查、贷时审查、贷后监督都可以“批量”进行，可以克服银行给单个旅游产业贷款时规模不经济问题。对于相同类型的企业贷款，通过业务流程的标准化也可以大大降低每笔贷款的管理成本。如果银行只给几家贷款，那么银行花在对企业发展前景等进行预测的成本费用较高，会降低银行的贷款意愿。但集群内众多企业从事同一个行业，银行可以在行业协会、地方政府的产业规划中获得更多、更完备的信息，银行通过对同一行业的许多企业贷款，从规模经济中受益，这样通过经济外部性和规模经济，降低了银行从事信贷业务的交易成本。

2. 银行信贷风险低。旅游产业集群内企业的地区根植性有利于降低违约率。一方面，集群内旅游产业是通过专业化的分工和协作紧密地结合在一起，并由特殊的社会网络相维系，依赖于集群专业化市场，迁移的机会成本高。另一方面，企业作为产业链上的一个环节，如果有违约行为，信息会在其上、下游及同行间迅速传播。由于集群内企业间交易常以信用为纽带，信誉不好的企业交易成本高，在集群内很难生存。总体上，银行向集群内企业贷款的风险相对较小。以旅游产业集群现象突出的温州市为例，从统计数据看，温州各商业银行及城乡信用社人民币不良贷款比率比全省低6个百分点，与全国相比优势更为明显，温州市的信贷资产质量相对良好。

3. 增加了信息的对称性。首先，减少了事前的逆向选择。旅游产业的贷款具有需求急、需求频繁等特点，由于信息不对称，银行一般都逆向选择。但是集群内由于众多企业围绕某一产品系列发展，产业特性明确，而且由于地理接近性，银行对本地的企业状况比较了解，对企业信贷迫切程度熟悉，从而减少了逆向选择，增加了企业贷款的机会。

4. 增大了企业的守信度。产业集群内的旅游产业由于地域依附性和专业化分工与协作程度高，与一般游离的旅游产业、国有大企业相比具有独特的信用优势。集群内部的生产服务配套条件较好；专业化分工较强，企业所需的人才、信息和客户在集群内部更容易获得；而且集群内对中间产品和辅助产品的需求量大，能创造更多的市场机遇，有利于企业的发展。集群内的旅游产业离不开集群这个产业环境，企业的“根植性”强，迁移的机会成本高，减少了企业的机会主义倾向，增大了企业的守信度。

5. 企业逃废债务的可能性减少。在企业群内，集群的产业发展目标明确，众多企业围绕某一产品系列发展，而且由于地理接近，银行对本地的企业状况比较了解，集群内银行和企业之间的信息是准对称的。集群内声誉对企业的生存与发展很重要，企业间的相互联系，比如承包、转包，产品的质量、交货时间、资金结算等本身就是建立在信任的基础上，一旦某企业逃废银行的债务，很快就会在集群内传开。维持声誉的重要性，使集群内的旅游产业不会轻易“妄动”，使企业逃废债务的可能性减少。

6. 使融资获得规模效应和乘数效应。对集群内企业贷款，银行通过对同一产业的众多旅游产业贷款获得规模经济。由于旅游产业集群区域的经济增长率较高（如浙江专业产业区、意大利的中北部地区和美国的加州等），产业区的资本积累更快，通过商业银行货币的乘数进一步放大，本地更多贷款，投资增加，经济进一步增长，高经济增长→储蓄增加→银行的货币乘数→投资增加→区域经济增长→银行的收益增加。另外，产业集群区内银行的收益较高，可以吸引更多的区外资金，资金的乘数效应进一步放大，更有利于区域银行的快速发展。

二、旅游产业集群发展融资市场分析

旅游集群企业筹资一般可分为内部筹资与外部筹资。内部筹资是指从企业内部筹集所需资金，主要包括利润留成和折旧费两个来源。增加利润留成比例、加速折旧都可以在短期内增大内部筹资的数额，但要控制在适度的范围内，否则会给外部筹资带来一定的困难。外部筹资是在企业外部通过金融市场实现的。所谓金融市场就是从事金融资产交换、进行资金融通的场所。它分为两种情况：一种是缺、余资金双方直接洽谈调剂，属于直接筹资；一种是通过金融机构作为中介完成资金的转移，属于间接筹资。在我国金融市场上，资金的筹集大量表现为间接筹资方式。金融市场的主要作用是将社会上的闲散资金汇聚起来，通过一定的条件有偿转让给社会上缺乏资金的企业和个人。其目的是提高资金使用效果。金融市场发达与否从一个侧面反映了一个国家对资金这一稀缺资源利用的程度，反映了这个国家的经济发展水平。

（一）金融市场分析

我国金融市场的建立是伴随经济体制改革尤其是市场经济体制的建立而出现的。在高度集中的计划经济体制下，没有条件也没有必要发展金融市场。那时我国资金管理实行供应制，政府对微观经济活动采取直接控制的方式，一方面，旅游集群企业缺乏经营管理的自主权，包括筹资权；另一方面，受传统观念的影响，“无债一身轻”的思想根深蒂固，资金来源渠道单一，形式简单，主要依靠财政拨款。由于产权关系不明确，资金无偿占用，使用者资金缺乏压力，造成资金使用效益不高。另外就个人来讲，低收入、低消费的状况使个人没有多少剩余资金提供给社会。这一切都使得金融市场缺乏存在的条件。伴随着我国社会主义市场经济体制的建立和发展，政府职能也在发生转变，对微观经济活动由过去直接控制转为间接调控，资金供应体制也发生了变革，变拨款为贷款。同时，旅游集群企业经营机制也发生转换，旅游集群企业要走向市场，就必须强化财务意识，提高资金使用效益。而且随着人民收入的不断增长，个人手中的闲置资金越来越多，个人进行投资以获取更大报酬的愿望日益强烈。在这种情况下，金融市场的建立已势在必行。只有完善健全的金融市场，才能真正发挥其在旅游集群企业发展中的融资功能，而判断金融市场是否健全的主要标志包括：资产的充分货币化和资本化、货币资金商品化和非资本化、资本证券化、信用票据化、金融产品多样化、金融资产流动化、利率市场化、金融中心层次化、金融机构多元化、宏观经济调控间接化、金融行为合理化。以此标志来衡量我国的金融市场，可以看出我国金融市场还不成熟、不完善，这在一定程度上制约了旅游集群企业多渠道、多方式筹资的实行，也不利于旅游集群企业弹性筹资结构的建立。

（二）金融市场分类

对金融市场可以进行不同的分类，从财务管理的角度可将金融市场分为以下三类：

1. 一级市场与二级市场。一级市场是指对新发行的证券进行首次买卖的市场，旅游集群企业通过股票、债券的发行从投资者那里获得资金。二级市场是指在投资者之间买卖已经发行流通在外的证券市场。

2. 短期资金市场与长期资金市场。短期资金市场是解决旅游集群企业一年以内的资金拆借市场，其业务对象是短期证券，由于其变现能力强，故又称货币市场。长期资金市场是解决旅游集群企业固定资产投资的期限在1年以上的资金市场，其业务对象主要是长期的证券，如公债、股票、长期债券、抵押契约等，长期资金市场又称资本市场。

3. 借贷市场和证券市场。借贷市场主要是利用借贷方式融通资金，包括贴现市场、长短期存贷款市场等。证券市场是通过证券的交易融通资金，主要包括债券市场和股票市场。

三、旅游集群企业筹资方式

（一）吸收直接投资

吸收直接投资是旅游集群企业以协议合同等形式吸收国家、其他企业、个人和外商等直接投入的资金，是旅游集群企业筹集权益资本最主要的形式。吸收直接投资可以采用多种出资形式。一是吸收现金投资。吸收现金投资是旅游集群企业吸收直接投资最为主要的形式之一。现金在使用上具有更大灵活性，它既可用于购置资产，也可用于费用支付。也正由于此，各国法律法规对现金在出资总额中的比例均有一定的规定。二是吸收非现金投资。主要是实物资产投资和无形资产投资。与现金出资方式相比，非现金投资直接形成经营所需资产，因此有利于缩短旅游集群企业经营筹备期，提高效率，但是它同时会带来以下两个问题：（1）资产作价。投资方和被投资方在确认资产价值时，必须本着客观公正的原则进行资产作价，如按第三者（中介评估机构）的资产评估确定其价值，或者按双方签订的合同、协议约定的价值进行作价。（2）无形资产的出资限额应符合国家规定的出资限额。

在采用吸收直接投资筹资时应注意以下问题：一是合理确定吸收直接投

资的总量。旅游集群企业的资本筹集规模应与生产经营相适应，旅游集群企业在创建时必须注意其资本筹集规模与投资规模的关系，要求从总量上协调两者关系，以避免因吸收直接投资规模过大而造成资产闲置，或者因规模不足而影响资产经营效益。二是正确选择出资形式，以保持其合理的出资结构与资产结构。由于吸收直接投资形式下各种不同出资方式形成的资产周转能力与变现能力不同，对旅游产业集群企业正常生产经营能力的影响也不相同，应在吸收投资时确定较合理的结构关系。这些结构关系包括：现金出资与非现金出资间的结构关系、实物资产与无形资产间的结构关系、流动资产与长期资产间的结构关系（包括流动资产与固定资产间的结构关系）等。三是明确投资过程中的产权关系。由于不同投资者的投资数额不同，从而享有的权益也不相同，因此，旅游产业集群企业在吸收投资时必须明确各投资者间的产权关系。(1）对于旅游产业集群企业与投资者间的产权关系，以各投资者所投资产办理产权转移手续为前提。(2）各投资者间的产权关系必须以合同、协议的方式确定，并具法律效力。四是确认投资方的投资比例。不论各投资主体采用何种出资方式，旅游产业集群企业在吸收直接投资时，都必须确认投资方的投资能力。按照《公司法》的规定，投资方的对外长期投资总额不得超过其净资产的一半。

吸收直接投资是我国大多数非股份制旅游筹集企业资本金的主要方式。它具有以下优点：(1）吸收直接投资所筹资本属于主权资本，能提高旅游产业集群企业对外负债的能力。(2）吸收直接投资不仅可筹集现金，而且能够直接取得所需的先进设备和技术，能尽快地形成旅游产业集群企业的生产经营能力。(3）吸收直接投资方式与股票筹资相比，其履行的法律程序相对简单，从而筹资速度相对较快。(4）从宏观看，吸收直接投资有利于资产组合与资产结构调整，从而为旅游集群企业规模调整与产业结构调整提供了客观的物质基础，也为产权交易市场的形成与完善提供了条件。但吸收投资方式也存在一定的缺点，主要表现在：(1）吸收直接投资的成本较高。(2）由于不以证券为媒介，在产权关系不明确的情况下吸收投资容易产生产权纠纷；同时，由于产权交易市场的交易能力较差，不利于吸引广大的投资者的投资。

（二）发行股票

股票是股份公司为筹集权益资本而发行的、表示其股东按其持有的股份享有权益和承担义务的可转让的凭证。股票持有人即为公司股东，它作为出资人按投入公司的资本额享有资产收益、公司重大决策和选择管理者等权利，并以其所持股份为限对公司承担责任。发行股票筹资是旅游集群企业筹集资本的主要途径。是通过公开发行股票募集社会闲散资本，壮大企业经营规模的一种资本运作模式。股票筹资一般都规定有严格的发行条件，是各国法律的基本做法，旨在保护投资者权益。从发行条件的内容看，主要涉及收益条件，包括股票发行前的实际收益能力和发行股票所筹股本的预期收益能力两方面。它意在揭示发行企业当前和未来的收益能力，从而为潜在股东购买股票提供决策依据。所以，发行股票必须要具备一定条件。

新设立的旅游股份企业申请发行股票，应当符合下列条件：（1）生产经营符合国家的产业政策。（2）发行股票只限于一种，同股同权。（3）发起人认购的股本份额，不少于公司拟发行股本总额35%。（4）在公司拟发行的股本总额中，发起人认购的部分不少于人民币3 000万元，但国家另有规定的除外。（5）向社会方面发行的部分不少于公司拟发行的股本总额的25%，其中公司职工认购的股本数不得超过向社会公众发行股本总额的10%。公司拟发行股本总额超过人民币4亿元的，中国证监会按照规定可以酌情降低向社会实发行的部分比例，但最最低的不少于公司拟发行股本总额的10%。（6）发行人最近3年内没有违法行为。（7）中国证监会规定的其他条件。

原有旅游集群企业改组设立股份有限公司申请公开发行股票，除应当符合上述情况下的各种条件外，还应当符合下列条件：（1）发行前一年，净资产在总资产中所占比例不低于30%，无形资产在净资产中所占比例不高于20%，但中国证监会另有规定除外。（2）近三年连续盈利。

股票发行价格的确定必须要有关法律的规定，如不得折价发行，溢价发行股票其发行价格必须经国务院证券管理部门批准，同次发行股票其价格应相等。但就其内在价值所决定的价格而言，企业确定股票发行价格首先需对其价值进行评价，常见的方法有每股净资产法、清算价值法和市盈率法。

（1）每股净资产法。每股净资产是所有资产按准确的账面价值，在支付了全部债务（含优先股）后，每股所有者权益的价值。它等于企业账面总资产减负债后的资产净值除以公开发行在外的平均普通股总数。由于这一价值假定资产是按账面价值清算的，一般情况下它不是每股股票的最低价值，从而可以成为发行价格确定的依据。

（2）清算价值法。每股清算价值与每股净资产不同，是企业出售资产以清偿债务。在支付了债权人和优先股东的权益之后，每一普通股股东期望得到的实际价值，等于售出资产的实际价值减去全部债务后除以公开发行普通股数。应该说，每股清算价值是每股股票的最低价值，是企业股票发行的底价。

（3）市盈率法。市盈率是指每股市价与每股收益的比率，反映股票市价（即股东购买的成本）与股票收益间的对应关系，即价格对收益的倍数。因此，企业可以用每股收益额乘某一参考市盈率（如行业平均数）来确定其股票发行价格。其公式是：发行价格 = 预期每股收益 × 市盈率。

旅游集群企业发行股票能否顺利筹资，最终取决于能否将股票全部推销出去。旅游集群企业公开向社会发行股票，其推销方式主要有两种：一是自销；二是委托承销。我国法律规定，公开发行的股票应当由证券经营机构承销。所谓承销是指发行旅游集群企业将股票销售业务委托给证券承销机构代理，如由证券公司、信托投资公司、投资银行等代理。承销分包销和代销两种类型。其中，包销是指证券商买进旅游集群企业公开发行的全部股票，然后将所购股票转销给社会投资者。如果在规定的募集期限内实际招募股份达不到预定发行股份数，剩余部分则由承销商全部包销，视同投资。代销则是指由证券商代理股票发售业务，如果实际募集股份达不到预定股份，承销机构不负责承购剩余股份的责任，而将未售出的股份归还给发行旅游集群企业，发行风险由发行旅游集群企业自行承担。旅游集群企业在选择承销方式时，主要考虑以下几个因素：（1）发行费用。一般认为，采用包销方式的发行费用较高，因为它采用按低于发行价格的办法将股票全部销售给证券商，证券商则取得低进高出的差价，所以其发行费用较高。相比而言，采用代销方式，证券商只按发售业务量的多少来取得佣金，费用相对较低。（2）发行风险。一般认为，包销方式风险低于代销方式。

与其他筹资方式相比，股票筹资的优点主要表现在：（1）股票筹资形成稳定而长期占用的资本，有利于增强旅游集群企业的资信，为债务筹资提供基础。（2）股票筹资的风险小，股本不存在固定的到期日，也不存在固定的股利支付义务，因此，股票筹资的股本没有还本付息的风险。（3）没有使用约束，股本在使用上不受投资者的直接干预，相对于其他筹资方式，股本的使用较为灵活，既可用于长期资产投资，在某种程度上也可用于永久性占用的流动资产投资。但股票筹资也有缺点，主要表现在：（1）股票筹资的成本大。原因有三：第一，股票投资风险大，按照风险收益对等原理，投资者所期望的投资报酬相应提高，从而使旅游集群企业通过股本筹资的期望资本成本也加大；第二，相对于其他筹资方式，由于股票股利是从税后收益中支付的，不存在负债等其他筹资方式下的税收抵免，从而直接加大了旅游集群企业资本成本；第三，股票的发行成本相对于其他筹资方式较高，因此其筹资成本加大。（2）新股发行会稀释原有股权结构，分散旅游集群企业的经营控制权。（3）股票发行过量会导致每股净收益额的降低，从而直接引起公司股价的下跌。

（三）银行借款

银行借款是指旅游集群企业根据借款协议或合同向银行或其他金融机构借入的款项，按期限长短可分为短期借款和长期借款两类。由于短期借款相对简单，因此只介绍银行借款。长期借款是旅游集群企业向银行等金融机构借入的、期限在1年以上的各种借款。它以旅游集群企业的生产经营及获利能力为依托，用于旅游集群企业长期资产投资和永久性流动资产需要。银行借款按提供贷款的机构分为政策性银行贷款、商业银行贷款等。其中，政策性银行经营具有政策倾向性，其货款面相对较窄；商业银行以“效益性、安全性、流动性”为经营原则，根据国民经济和社会发展需要，在产业政策的指导下，向工商企业提供贷款，旅游集群企业对贷款自主决策、自担风险、自负盈亏。按是否提供担保分为抵押借款和信用借款。其中，抵押借款的抵押品可以是不动产、机器设备等实物资产，也可以是股票、债券等有价证券，旅游集群企业到期不能还本付息时，银行等金融机构有权处置抵押品，以保证其贷款安全；信用借款则是凭借款旅游集群企业的信用或其保证人的信用而发放的贷款，通常由借款旅游集群企业出具签字文书，借贷双方严格书立借款合同，信守约定。

影响银行借款利率的主要因素是借款期限与借款旅游集群企业的信用。一般认为，借款期限越长，银行承担的风险也越大，从而要求的借款利率也越高；反之则相反。在期限一定的条件下，借款利率的高低取决于借款旅游集群企业的信用状况。银行在确定借款利率时，主要从其款项的安全性与收益性两方面考虑，而且为避免风险的加大，在安全性与收益性的选择间一般恪守“安全第一、收益第二”的原则。事实上，借款利率的确定过程是银行与借款旅游集群企业在利益上的讨价还价过程，是双方利益差别的认同及其借贷行为的选择过程。一方面，旅游集群企业在利率的预期中选择某一银行作为其债权人；另一方面，银行在对财务状况的评价中选择贷款企业。这种双向选择最终促成了银行业的业务规范及其利率确定原则与制度。长期贷款利率有固定利率制与浮动利率制两种。其中，浮动利率通常设高低限额，并在借款合同中明确其浮动幅度。为节约借款成本，旅游集群企业必须进行有效的利率预期，并在此基础上灵活采用不同的利率制度。如果预期市场利率上升，应采用固定利率制；如果预期利率下降，则相应选择浮动利率制。

银行借款偿还方式分到期一次性偿还和定期或不定期偿还。从还款方式可以看出，前者能使借款旅游集群企业在借款期内使用全部所借资金，但到期还款压力大，需要旅游集群企业事先做好还款计划与还款准备，如建立偿债基金制等；后者则使借款旅游集群企业在借款期内边用边还，将还款与用款结合在一定，所用借款额不完整，且实际利率大于名义利率，但偿债压力较小。从根本上说，不论采用何种方式，借款偿还都需以所借款项使用后新增的利润及现金流入为依托。

与其他筹资方式相比，银行借款筹资具有以下优点：（1）筹资迅速。银行借款所要办理的手续相对于股票债券等方式较为简单，具有程序简便、迅速快捷等特点。对旅游集群企业来说，与一家银行或为数不多的金融机构打交道要比同一大批债券持有者打交道方便得多。（2）借款弹性较大。由于只对某一银行进行一对一的协商，因此，有利于旅游集群企业按照自身的要求和能力，来变更借款数量与还款期限，对旅游集群企业具有一定的灵活性。（3）成本低。由于利息一般在税前支付，且间接筹资费用低，因此，其筹资成本相对较低。（4）易于旅游集群企业保守财务秘密。

向银行办理借款，可以避免向公众提供公开的财务信息，因而易于减少财务信息的披露面，对保守财务秘密有好处。

但是，银行借款也有其不足。主要表现在：（1）筹资风险大。借款具有还本付息的固定义务，旅游集群企业偿债压力大，筹资风险较高。另外，旅游集群企业有时会因过多借款而不能偿付。（2）使用限制多。银行对借款的使用附加了很多约束性条款，在一定意义上，限制了旅游集群企业自主调配与运用资金的功能。（3）筹资数量有限。银行借款与股票、债券等直接筹资方式相比，筹资数量相对有限。

（四）发行债券

债券是旅游集群企业为筹集资金而发行的、约期还本付息的有价证券。利用债券方式进行筹资是旅游集群企业筹资的重要途径。在我国，只有股份有限公司、国有独资公司和两个以上的国有企业或者其他两个以上的国有投资主体投资设立的有限责任公司，才有资格发行债券。由于股东只对旅游集群企业盈亏承担有限责任，因此法律规定了旅游集群企业的债券发行资格和发行条件，从根本上说是保护债券持有者的权益。这种权益保护从根本上说包括两方面：(1) 债券本金收回的安全性；(2) 债券投资的收益性。与权益保护的内容相对应，衡量债券持有者权益保护程度的因素主要是旅游集群企业资产和债券使用所新增的利润。我国有关法律规从资产额和利润额这两个主要方面提出了相应的发行条件。如从资产额上要求股份有限公司的净资产不低于人民币 3 000 万元，有限责任公司的净资产不低于人民币 6 000 万元，累计债券发行总额不超过公司净资产额的 40%；从收益要求上，要求最近 3 年平均可分配利润足以支付公司债券 1 年的利息等等。

债券的发行价格是指旅游集群企业发行债券时所使用的价格，也即投资者向旅游集群企业认购债券时实际支付的价格。旅游集群企业在发行债券之前，必须进行发行价格决策。(1) 影响发行价格的因素有债券面额、票面利率、市场利率、债券期限等。其中，债券期限决定投资风险，期限越长，投资风险越大，从而要求的投资报酬率也越高，债券发行价格就可能越低；反之，债券发行价格就可能越高。(2) 债券发行价格确定方法。理论上讲，债券的投资价值由债券到期还本面额按市场利率折现的现值与债券各期债息的现值两部分组成。具体为：当票面利率高于市场利率时，债券的发行价格高于面额，即溢价发行；当票面利率等于市场利率时，债券的发行价格等于面额，即等价发行，当票利率低于市场利率时，债券的发行价格低于面额，即折价发行。从理论上看，由于风险因素、流动性偏好以及通货膨胀等的影响，越迟发生的收益，所用的折现率应当越高。市场利率的这种期限关系，称之为利率的期限结构。

决定债券发行种类的因素主要有三个：(1) 债券筹资的市场吸引力。如果旅游集群企业认为企业在投资者心目中有相当高的吸引力，则可发行普通的、无附加条件的债券；如果旅游集群企业认为企业在投资者心目中不具有吸引力，则可发行有附加条件的债券，如可转换债券等。(2) 法律限制。有些债券种类是法律允许的，而有些种类的债券则是目前法律所不允许发行的。因此，旅游集群企业在选择时必须依据有关法律，适当选择。(3) 资本结构调整的需要。有的债券有利于资本结构的调整（如可转换债券），而有些则调整弹性小（如一般的到期还本付息债券）。因此，旅游集群企业在选择债券种类时，应当考虑未来资本结构调整需要。

在这里需要重点解释可转换债券的积极意义：（1）有利于旅游集群企业筹资。这是因为，可转换债券对投资者具有双重吸引力：第一，购买此类债券能取得较稳定的债息收入；第二，将可转换性债券转换为普通股，有更多的机会取得更大的收益。（2）有利于减少普通股筹资股数。许多旅游集群企业实际上希望出售普通股来筹资，但由于各种原因，如旅游集群企业新建、工程开工、成本高而一时又无盈利，从而实际出售的股票价格一般较低，或者说，要筹集相同数量的资金需要发行更多的股票，从而稀释原有的股权。使用可转换性债券后，既可以筹集资金，又减少了普通股的数量。（3）有利于节约利息支出。由于可转换债券具有较大的吸引力，因此旅游集群企业可支付比一般债券更低的债息。对投资者来说，转换价值愈大，则旅游集群企业支付的利息也就可能愈小。

债券筹资的优点主要表现在：（1）债券成本低。与股票筹资相比，债息在所得税前支付，从而具有节税功能，成本也相对较低。（2）可利用财务杠杆作用。由于债券的利息固定，能为股东带来杠杆效益，增加股东和公司的财富。（3）有利于保障股东对公司的控制权。债权持有者无权参与旅游集群企业管理决策，因此，通过债券筹资，不仅不会稀释股东对企业的控制权，还能扩大企业投资规模。（4）有利于调整资本结构。旅游集群企业在做发行种类决策时，如果适时选择可转换债券或可提前收兑债券，则对旅游集群企业主动调整其资本结构十分有利。

债券筹资的不足，主要表现在：（1）偿债压力大。债券本息偿付义务的固定性，增加旅游集群企业破产成本和风险。（2）不利于现金流量安排。（3）筹资数量有限。利用债券筹资要受额度限制。

四、旅游集群企业筹资的因素分析

旅游集群企业在筹资过程中，必须对影响筹资活动的各种因素进行分析，并遵循一定的筹资原则。只有这样，才能提高筹资效率、降低筹资风险与筹资成本，并最终实现筹资目标。

（一）经济性因素

旅游集群企业在筹资活动中所考虑的经济因素，通常指筹资行为给旅游集群企业带来的经济收益或成本。

1. 筹资成本。所谓筹资成本是指在筹资活动中所需支付的各种代价，包括筹资费用和使用费用两项内容。旅游集群企业在筹资过程中，必须从两方面来考虑筹资成本。一是考虑资金市场的成本。筹资成本是资金市场（包括资本市场和货币市场）供求状况作用的结果。二是在资金市场供求关系一定情况下，考虑各种筹资方式间筹资成本的差异，选择那些筹资成本相对较低的筹资方式，提高筹资效益，实现财务目标。

2. 筹资风险。它是指旅游集群企业在负债筹资方式下由于各种原因而引起的债务到期不能还本付息的风险和压力。显然，主权资本筹资不存在直接意义上的筹资风险问题，因为它无须还本付息；而对于负债资金筹资则另当别论。对于旅游集群企业来说，合理的管理原则是，在筹资风险一定情况下使筹资成本最低，或者在筹资成本一定的情况下，其相对筹资风险最小。

3. 投资项目及其收益能力。旅游集群企业的筹资过程不应是盲目的。如果没有相应的投资项目，那么事先的筹资行为则是徒劳无益的。除此以外，投资项目还从以下几方面影响旅游集群企业筹资活动：第一，投资项目所需资金量决定筹资量。第二，投资进度直接影响筹资计划和资金到位时间安排。第三，投资项目的未来收益能力决定旅游集群企业筹资渠道与筹资方式的选择。这是因为，如果资金的未来收益能力越高，则可选择的筹资渠道及筹资方式的范围就越宽；反之，如果资金的未来收益能力越低，则可供选择的筹资渠道及筹资方式的面也就越窄。

4. 资本结构及其弹性。旅游集群企业资本结构的优劣在一定程度反映了旅游集群企业管理人员的管理技巧。不同筹资方式对旅游集群企业资本结构的影响是不同的。旅游集群企业选择何种筹资方式取决于旅游集群企业在一定时期内的资本结构的好坏以及结构的弹性，它要求旅游集群企业必须注重各种筹资方式对筹资总量的弹性影响，包括负债与权益间的可转换弹性，以及各方式下的期限弹性。

（二）非经济性因素

旅游集群企业在筹资过程所考虑的非经济性因素主要包括以下几方面：

1. 筹资顺利程度。筹资的顺利程度也指筹资管理的难易程度，主要涉及旅游集群企业筹资过程中一套审批程序及筹资的组织管理工作。其中，筹资的审批程序主要涉及两方面：一是筹资方案能否得到批准；二是审批机构的工作效率。前者取决于国家政策及有关机构的规定，后者取决于审批机构的层次及工作效率。筹资组织管理工作的难易主要取决于筹资的范围、投资者的意愿以及对筹资条件的要求。可见，影响旅游集群企业筹资顺利程度的各因素中，无论是主观或客观因素，旅游集群企业在制订方案时，都必须予以充分重视。如果不考虑旅游集群企业的筹资条件，就直接融资与间接融资的顺利程度而言，股票筹资与债券筹资都必须履行较繁琐的筹资程序。与直接融资相比，间接融资（如银行借款）的手续则显得较为简单，它无须经过特定的法律程序过程，而只有银行对旅游集群企业的财务状况和财务成果的历史性资料进行审核的问题。这一审核过程较之直接融资要短，这是其一。其二，从资金的到位速度看，对于直接融资来说，除非股票、债券采用包购包销，在其他情况下，从办完筹资手续到所筹资金到位需要经过一定期间。在这一期间内，有可能会失去投资的机会。银行借款则与之不同，从签订贷款协议到银行将资金划拨旅游集群企业，所需时间短，因此在一定程度上能避免机会损失。因此不难看出，银行间接融资的顺利程度是最快的。

2. 资金使用的约束程度。一般来说，投资者对旅游集群企业资金使用约束的程度也不相同。股票筹资时，旅游集群企业所筹股本是完整的法人资产，因此股东对法人资产的使用不存在直接的干预行为，其行为约束较小或者不存在。但是作为债权人的银行等金融机构或者债权持有者，对资金使用的限制较明显，从而对旅游集群企业独立资金运用也产生积极或消极影响。主要表现在：第一，作为债券持有者，债权人要求旅游集群企业必须履行一定的法律条款。第二，作为债权人的银行，它除了有上述债券持有人对旅游集群企业的财务行为约束以外，还在贷款协议中规定了其他限制条款。这些约束条件对旅游集群企业财务自主性是不利的。另一方面，就银行借款与发行债券相比，前者对旅游集群企业商业秘密的保护是有积极意义的，这一点同样适用于与股票筹资方式的比较。然后分析资金使用结果的约束。投资者投入旅游集群企业资金的最终目的在于取得一定收益。从收益看，直接融资方式比间接融资方式对旅游集群企业的约束更为强烈。这主要是因为，一旦股东或债券持有者不能按期取得分红或支付债息，旅游集群企业将直接面对未来金融市场的再筹资压力，这是一种社会监督和市场直接约束。而以银行借款为主要形式的间接融资，其收益约束的压力相对要弱些，原因在于它是银行与旅游集群企业间的一对一的关系，其社会影响面较小。

3. 筹资的社会效应。有些旅游集群企业在筹资时非常注重筹资对旅游集群企业市场形象树立的积极作用，即筹资后的社会效应问题。如果不考虑筹资本身对旅游集群企业的收益或其他因素的影响，而单就旅游集群企业筹资行为的市场效用而言，直接融资行为所面对的是金融市场，旅游集群企业直接进入市场，无疑比间接银行信用方式的效应要大得多。

4. 筹资对旅游集群企业控制权的影响。有时，旅游集群企业在选择和评价各种筹资方式时，必须考虑由于筹资活动而带来的对旅游集群企业控制权的影响。各种筹资方式对旅游集群企业控制权的影响，会影响旅游集群企业生产经营活动的独立性，影响财务管理的自主权，影响旅游集群企业利润的分配。因此，旅游集群企业作为筹资主体，往往对控制权较为重视。

5. 筹资时机。旅游集群企业对筹资时机的把握主要取决于市场预期，包括利率预期与资金供应总量预期等内容。如果预期利率上升而筹集暂时不用的资金，相对于以后的高利率筹资在经济上也许是合算的；反之则相反。同样对于筹资总量的把握也是如此，它要借助于资金的可得性与未来投资机会的关系。

五、旅游产业集群融资模式

（一）集合债券融资模式

将集群内旅游产业联合一个整体，彼此间相互监督，将大大提高信用度，提高资信评级，减少信用风险，这为集合债券的发行提供了可能。将集群内一批联系较为紧密的旅游产业捆绑起来，发行企业债券，就是旅游产业集群集合债券模式。

（二）大企业担保融资模式

大企业担保融资模式是指在集群中实力相对一般旅游产业较强的大企业为旅游产业向金融机构贷款作信誉担保的一种集群融资模式安排。由于产业集群内企业间存在紧密的业务联系，在长期频繁的往来中，旅游产业与大企业建立了可靠的信任关系，大企业对与其有业务往来的旅游产业都比较熟悉。在这种情况下，大企业愿意对其进行信誉担保，通过担保还能稳定这种业务往来，加深彼此信任，吸引客户。在我国旅游产业发展较活跃的浙江省最近已经出现了这种实例。

（三）整体园区融资模式

园区融资模式即产业园区作为一个整体向金融机构贷款的融资模式。由于产业园区的成立和规划从一开始就有政府的参与，因此，这种融资模式有一个特点就是有政府的支持，可以从支持园区发展的角度获得较优惠的利率。从这种融资模式本身来说，第一，它只适于在政府产业政策规划下的园区企业；第二，从我国产业园发展来看，其内部产业链条并不明显，产业关联也不显著，政府在招商引资的过程中存在一定盲目性。有很多园区就是一些不同企业的集合，相互间不存在联系，更不用说分工与合作，因此，这样的园区环境产业集群效应不明显，因此产业集群的融资优势也不能体现出来。与其说这是一种集群融资模式，不如说是一种政策性信贷支持。

（四）主办区域银行融资模式

主办银行制度是指在特定的企业融资和治理结构下形成的银企间、金融管理当局与银行间特殊关系的总称。银企双方在一定机制的作用下建立起比较固定的权利和义务关系，建立起银企之间稳定的包括提供信贷、信托担保、有关投资银行业务、代理债券发行、咨询业务、提供管理技术、派遣管理人员直接参与对企业的监管和治理等在内的多方面关系。银行和企业可以相互持有对方的股份，从而以资本为纽带将银行和企业紧密联系在一起。《商业银行法》规定，商业银行在境内不得向非银行金融机构和企业投资。这一规定大大阻碍了主办银行制度的建立和施行。有学者建议区域性试行契约型主办银行模式：商业银行选择几个优秀企业优先贷款，成为企业的主要债权人。关键是主办银行与关系企业之间要建立长期稳定的合作关系，促进企业、银行等金融机构间的信息交流与沟通，降低信息不对称程度，降低旅游产业因披露重要经营信息可能产生的风险，降低银行信贷风险和旅游产业融资成本。

（五）轮流信用融资模式

企业间轮流信用融资模式是指集群内部企业在基于本地联系及相互信任基础上，在一定的期限内各自将一部分资金贡献出来轮流使用的一种融资模式。内部融资机构采取会员制，各会员企业交纳会费形成旅游产业基金为会员企业生产流动资金提供互助性借贷。大企业的卫星企业也可以与大企业建立资金互助关系。这种融资模式类似于我国浙江温州地区的各种“会”。从融资效率上来看，由于其互助性，成本较低；又由于互助企业间互相了解，不需要进行信息调查等程序，省去了很多中间环节，也符合及时性的要求。

（六）互助担保融资模式

旅游产业集群互助担保融资模式是指集群旅游产业以自愿和互利为原则，共同出资组建互助担保基金，为成员企业向银行贷款提供担保，获得银行融资的一种融资模式。我国旅游产业互助担保机构的基本形式主要有三种：一种是互助担保公司形式。由地方政府牵头并部分出资，吸收旅游产业投资入股，组建担保有限公司，只对股东企业提供担保服务；一种是互助担保协会形式。地方政府、协作银行和成员企业共同出资，为成员企业提供流动资金贷款担保，在一定条件下相关企业有权自愿进入或退出担保协会；还有一种与前两类不同的是担保对象，既包括股东企业，也包括非股东企业。

六、旅游产业集群融资的对策

（一）加快拓宽民营金融经营范围

从总体上看，我国旅游产业集群区域的民营金融机构，虽然作为一个整体已具备较强的实力，但就个体而言，仍具有家数多、单个机构规模小、资产实力弱、风险承受力小的特点。另外最重要的是，在目前我国成为 WTO 成员、外资银行进入中国即将取得与中国国有商业银行同等“国民待遇”的情况下，我国民营金融机构却与国有商业银行“国民待遇”相差甚远。就目前国家许可的经营范围而言，民营金融机构主要从事传统的存贷款业务，部分也有结算功能和开展银行卡业务，但结算渠道不畅，异地结算困难重重。票据承兑贴现、异地结算、国际结算等对旅游产业群拓展国内国际市场、扩大出口迫切需要的业务往往不被允许，致使其服务功能和业务种类与国有银行相比还存在很大差距。在经营地域上，其营业网点和经营范围局限于本地，不准跨区域发展。上述金融业务的限制，严重影响了民营金融机构为企业群发展的服务功能的实现，制约着民营金融机构的竞争能力，使其在日趋激烈的金融同业竞争中处于一种不利的地位。因此，必须积极拓宽民营金融业的经营业务范围，使它们取得与国有银行相等的国民待遇，更好地为当地企业群的发展服务。

（二）加快设立旅游产业集群发展基金和风险投资基金

旅游产业集群区域内的地方政府要积极利用地方政府的财政资金设立产业发展基金、风险投资基金。对于一些产品有市场，特别是出口订单多、生产技术先进、管理运作良好的企业，产业基金要积极支持，根据本地产业发展战略对有前景的企业进行资助，使它们尽早扩大生产，抓住市场机遇，快速发展壮大；对于生产工艺落后、急需进行企业技改的许多家庭作坊式企业，要积极帮助企业申请科技创新基金，促使企业进行技术改造；对于具有高投入、高风险特征的高科技企业，要积极利用政府的财政和风险投资基金对企业投资，提高集群的科技含量。

（三）加快旅游产业集群龙头企业的上市步伐

各地创业投资公司应积极为企业群的龙头企业提供辅导，做好准备。一旦我国创业板市场启动，就可在创业板融资。同时，地方政府要积极扶持旅游产业上市，要把企业上市作为一项系统工程来抓，如积极成立上市公司培育领导小组，培育辅导企业，提供各方面的便利条件，争取龙头企业早日上市。

（四）加快旅游产业集群区域民营金融的发展

相比较而言，我国旅游产业集群地区的民营金融与当地经济的发展比较而言，还是严重滞后的，两者并不匹配。当前企业群发展迅速的区域必须加快民营金融机构的发展，利用民营金融机构以个人股为主体的所有权结构的激励约束功能，利用民营金融机构与民营经济在产权设置、运作方式等方面的相似性产生的天然亲和力，发挥城市信用合作社等民营金融机构扎根基层、规模小、机制灵活、管理层次少、运行成本较低、比较适合个体私营企业融资需求的特质，聚集当地的社会资金，支持本区域旅游产业集群的快速成长。

（五）加强金融界对旅游产业集群发展的研究

由于旅游产业融资问题的复杂性，银行应动态关注产业集群内的旅游产业动向，关注行业的特点和发展趋向，及时了解企业的不良发展状况，并加强对旅游产业集群内的财务指标监管，避免因行业发展没落化或因个别旅游产业有不良动向给银行造成信贷损失。金融机构聚集着各类人才，掌握着较丰富的信息，对宏观经济、产业发展、行业和市场变化等都具有较强的研究能力，具备对产业集群宏观发展的指导能力。产业集群往往是一个区域的主导产业，支配着地方经济活力，并吸纳大量就业，地方政府对产业集群也都持鼎力支持的态度。因此，企业群发展地区的银行、地方政府、行业协会等机构应积极相互合作，深入研究区域发展战略和产业集群的中长期战略规划，深入产业研究，对企业做出更好的规划，取得协同效应；并根据当地产业集群的实际状况采取相应政策，对企业进行有选择性的扶持，提高资金配置效率，提前预防和化解进入生命衰退期的产业集群带来的产业系统性风险。

（六）加快为旅游产业集群服务的区域性中心银行建设

这种区域银行首先是小银行，不求规模的庞大和结构的复杂，只根植于当地，目标和定位即为集群内的旅游产业融资服务。区域银行能充分利用当地信息，更便利地直接了解集群内企业的经营状况、发展前景等，在随时解决一些旅游产业小额资金需求的同时，可以将自身的经营风险控制在较低水平。另外，区域银行扎根基层，管理层次少，经营灵活，与旅游产业有很多相通之处，比较适合旅游产业融资需求的特质。在目前我国为旅游产业融资服务的创业板、投资基金还没有正式运作的情况下（而且即使运作，它们也偏向于科技型企业，而更多地以劳动密集型的、能发挥我国比较优势的旅游产业将被排除在外），在当前我国经济发展进入结构性过剩、储蓄难以转化为投资、旅游产业普遍融资困难的条件下，在旅游产业集群地区建设区域性中心银行，可以更好地提高融资效率、解决集群融资难的问题。

（七）完善信贷管理体制，加强信贷服务

建立起完善的信用评估体系，建立权威的、专门的资信评估机构。建立信用信息系统，使企业、银行、其他金融中介机构等各参与实体间实现信息资源共享。完善银行信贷登记咨询系统，建立健全信用监督体系。政策扶持、各方注资建立旅游产业信用担保机构；同时，建立健全担保机构风险补偿机制以及银行风险联动机制，实现担保机构、贷款银行风险共担，建立担保基金和再担保基金，进一步分散风险。

（八）多层次发展资本市场，拓宽融资渠道

加快集群内达到主板市场上市要求的企业上市步伐。为不能达到主板市场上市要求的企业，设立“创业板”或“二板市场”，设立风险投资中介机构，健全风险投资相关法律规定。为企业吸引风险资本创造环境。同时，激活民间资本，建立以创业板市场和风险资本为主渠道的旅游产业直接融资体系，真正拓宽旅游产业融资渠道。

（九）完善金融法律体系

在完善金融体制的同时，健全企业和金融法律法规，加快直接、间接融资的法律调整，抓紧修订《商业银行法》《担保法》；加快有关信用、风险投资、主办银行等方面立法，加强旅游产业融资的法律保障。国家竞争优势来源于区域竞争优势。区域竞争优势来源于区域内的集群竞争优势。地方政府与银行等金融中介机构以及行业协会合作，深入研究区域发展战略和产业

集群中长期战略规划。促进企业、银行和其他金融中介机构之间信息共享和沟通交流，在区域范围内建立起以合作为特点的融资体制，改善旅游产业融资方式，拓宽融资渠道，促进旅游产业集群融资。

七、旅游集群企业筹资风险控制分析

（一）筹资风险分析

由于筹资风险是针对债务资金偿付而言的，因此，从风险产生的原因上可将其分为两大类。

一是现金性筹资风险。它是指旅游集群企业在特定时点上，现金流出量超出现金流入量，而产生的到期不能偿付债务本息的风险。现金性筹资风险具有以下特征：（1）它是一种个别风险，表现为某一项债务不能即时偿还，或者是某一时点的债务不能即时偿还。（2）它是一种支付风险，与企业收支是否盈余无直接关系。因为收支相抵有盈余（即有利润）也并不等于企业有现金净流入。（3）它是理财不当引起的，表现为现金预算与实际不符而出现支付危机，或者是资本结构安排不当而引起的。因此，作为一种暂时性的偿债风险，只要通过合理安排现金流量和现金预算即能回避，而对所有者收益的直接影响不大。二是收支性筹资风险。它是指旅游集群企业在收不抵支情况下出现的不能偿还到期债务本息的风险。按照“资产 = 负债 + 权益”公式，如果旅游集群企业收不抵支即发生亏损，将减少旅游集群企业净资产。终极的收支性财务风险表现为旅游集群企业破产清理后的剩余财产不足以支付债务。它具有以下特征：（1）收支性风险是一种整体风险，它与某一具体债务或某一时点的债务的偿还无关。（2）收支性风险不仅仅是一种支付风险，而且意味着旅游集群企业经营失败，不仅源于理财不当，还源于经营不当。（3）收支性风险是一种终级风险，一旦出现收不抵支，旅游集群企业债权人的权益将很难得到保障，而作为旅游集群企业所有者的股东，其承担的风险及压力更大。一旦出现此类风险，如果旅游集群企业不加强管理的话，旅游集群企业的再筹资将面临很大的困难。

（二）财务杠杆

所谓财务杠杆收益是指利用债务筹资而给旅游集群企业带来的额外收益。旅游集群企业债务的利息通常是不变的，当息税前利润增大时，息税前利润负担的固定财务费用就会相对减少。这能给普通股股东带来更多的盈余。它包括以下两种基本形态：

1. 息税前利润变动下的杠杆效益。在旅游集群企业资本结构一定的情况下，旅游集群企业从息税前利润中支付的债务利息是相对固定的。当息税前利润增加时，每一元息税前利润所负担的债务利息就会相应降低，扣除所得税可分配给旅游集群企业所有者的利润就增加，从而给旅游集群企业所有者带来额外收益。杠杆利益可用财务杠杆系数来表示。所谓财务杠杆系数是指普通股每股收益（指税后收益）变动率相当于息税前利润变动率的倍数。对于非股份制旅游集群企业，可通过税后资本利润率来替代普通股每股税后利润。财务杠杆对每股收益或权益资本利润率的作用是固定利息存在的结果。财务杠杆系数越大，则筹资风险也越大，其负债筹资的杠杆效益也越大。

2. 息税前利润不变情况下，负债比的变动对权益资本利润率有影响。这种关系也可用公式表达：

税前权益资本利润率 = 资产利润率 + 负债/权益资本 × （资产利润率 − 负债利率）

税后权益资本利润率 = 税前权益资本利润率 × （1 − 税率）

其中，资产利润率等于息税前利润除以总资产。

负债比重的提高对权益资本利润率提高的加速作用，以资产利润率大于利息率为前提。这时，调高负债比例将使资本利润率递增，调低负债比例将产生权益资本利润率的机会损失。反之，当资产利润率小于负债利率时，调高负债比例将加速权益资本利润率的下降，调低负债比例将使权益资本利润率下降的速度降低（减少权益资本利润率的损失）。同样，旅游集群企业为取得财务杠杆利益而利用负债资金时，增加了破产机会或普通股利润大幅度变动所带来的风险。旅游集群企业为了取得财务杠杆利益，就要增加负债。一旦旅游集群企业息税前利润大幅度下降，不足以补偿固定利息支出，旅游集群企业的每股利润就会下降更快。

（三）筹资风险的控制

旅游产业产业集群融资的风险防范就是要审慎、科学地把握贷款规模，限制授信总量，从根本上防范系统性金融风险。从企业经营的角度考察，产业集群必须有规模地限制，应当适度、均衡地发展。当产业集群的规模和均衡遭到破坏的时候，产业集群就会出现“自稔性”集群风险。因此，银行应对产业集群进行科学授信，对行业或企业进行科学评级和贷前认真审查，对授信结构和总量进行有效分析，确定授信总量和结构。

针对不同的风险类型，规避筹资风险主要从两方面着手：

1. 对于现金性筹资风险，应注重资产占用与资金来源间的合理期限搭配，搞好现金流量安排，为避免企业因负债筹资而产生的到期不能支付的偿债风险并提高资本利润率。理论上认为，如果借款期限与借款周期能与生产经营周期相匹配，则企业总能利用借款来满足其资金需要。因此，投资资产运用期限的长短来安排和筹集相应期限的债务资金，是回避风险的较好方法之一。它要求在筹资政策上，尽量利用长期性负债和股本来满足固定资产与永久性流动资产的需要，利用短期借款满足临时波动性流动资产的需要，以避免筹资政策上的激进主义与保守主义。当然，如果企业能够使资产占用与资金来源在期限搭配上很科学、合理，用短期资金满足长期资产占用需要，即采用相对激进的策略也是可行的，因为它既能使风险保持在较低的水平，也能减少资本成本。

2. 对于收支性筹资风险，应做好以下三方面的工作：

（1）优化资本结构，从总体上减少收支风险。收支风险大，在很大意义上是由于资本结构安排不当形成的。优化资本结构，可从两方面入手：第一，静态上优化资本结构，增加企业权益资本的比重，降低总体上债务风险。第二，动态上从资产利润率与负债利率的比较入手，根据企业的需要与负债的可能，自动调节其债务结构，加强财务杠杆对企业筹资的自我约束。即在资产利润率下降的条件下，自动降低负债比例，从而减少财务杠杆系数，降低债务风险；而在资产利润率上升的条件下，自动调高负债比例，从而提高财务杠杆系数，提高资本利润率。

（2）加强企业经营管理，提高效益，以降低收支风险。从经营上看，增加企业盈利能力是降低收支性筹资风险的根本方法。因为，从长期看，盈利是销售收入抵补销售支出的结果，如果短期现金流量安排合理，销售收支与现金收支在一定程度上是等价的，则盈利越高，意味着企业有足够的资金用于利息支付，有足够的资金筹资用于归还到期债务。因此，无论是企业债务的总量或是期限，只要企业有足够的盈利能力，加强经营，提高效益，企业的收支性筹资风险就能降低。当然，从筹资角度，通过合理的利率预期，灵活调整利率也是提高企业筹资收益的一种可行的方法，因为，它在一定程度上能减少资本成本，从而减轻其利息支付压力。在具体操作时，包括两种形态：第一，在利率趋于上升时期，可采用固定利率制借入款项，以避免支付较高的利息；第二，在利率趋于下降时，可采用浮动利率制灵活筹资，以减少付息压力。

（3）实施债务重整，降低收支性筹资风险。当出现严重的经营亏损，收不抵支并处于破产清算边界时，可以通过与债权人协商的方式，实施必要的债务重整计划，包括将部分债务转化为普通股票、豁免部分债务、降低债息率等方式，以使企业在新的资本结构基础上起死回生。从根本上看，债务重整不但减少了企业的筹资风险，而且在很大程度上降低了债权人的终级破产风险。因为，债权人之所以提出并同意债务重整计划，是希望通过重整使债权人权益损失降到最低。当重整损失小于直接破产造成的权益损失时，对债权人来说，重整就是有必要的，在经济上也是可行的。

Chapter 6

第六章
旅游产业集群的管理模式

管理模式是在管理人性假设的基础上设计出的一整套具体的管理理念、管理内容、管理工具、管理程序、管理制度和管理方法论体系，并将其反复运用于企业，使企业在运行过程中自觉加以遵守的管理规则。好的管理模式强调对环境的适应性。好的管理模式是企业或者集群持续发展的保障。产业集群的管理模式在不同阶段形式各异。在国外，集群发展初期，欧美一般采用民间管理模式，政府仅从政策、法规上进行控制；亚洲一些国家则以政府管理为主，民间机构一般不参与管理。当产业集群进入成熟阶段，并具有一定规模以后，开始采取官、学、产共管体制。在这种管理体制下，集群既能得到政府的扶持，又能发挥民间机构的积极性。

一、产业集群管理的内涵和模式

在全球化和知识经济的背景下，地方产业集群被大量实践证实是提升区域产业竞争力的重要途径，集群正成为全球许多地区制定经济政策的战略工具。然而，产业集群发展过程中也有一定的负效应，从而降低集群竞争力使集群走向衰退。比如，产业集群成员之间可能背离契约宗旨，产生机会主义行为以侵占交易伙伴的利益等。而产业集群管理是规避风险、避免负效应、增强创新系统和竞争力、促进集群可持续发展，在集群发展的每个阶段都要发生的重要行为。因此，产业集群管理研究是促进集群可持续发展的重要研究课题。

（一）集群管理的内涵

产业集群管理一直都引起学者们的关注，但是专门研究这个话题还是20世纪90年代末才出现的。很多学者都从自己对集群管理的认识和研究目的角度出发对集群管理进行定义。然而，有关产业集群管理内涵至今还没有一个清晰的、可被学术界广泛接受的表述，归纳起来主要有以下两种观点：

1. 借鉴经济学中的公司管理理论来定义、发展产业集群管理的概念。借用Monk & Minnows的公司管理定义，Fern and Alberta（2001）将一般的公司管理理论与模型运用于解释产业区管理理论，认为企业集群管理是企业集群内各种参与者的关系，并决定企业集群的方向和绩效，提出企业集群管理模式，并从8个方面提出集群管理和公司管理的不同。还有学者建立在Sven Collin的关于公司管理的观点，将企业集群管理进一步定义为内部利益相关者、董事会（这里就是产业区委员会）以及指引产业区发展方向的外部利益相关者这些参与人之间的关系。

2. 协调论：集群管理是一些元素的协调活动。产业集群是复杂的网络系统，各个成员的协调是集群绩效的关键变量。因此，很多学者从协调的角度定义集群管理。如 Peter de Lange（2004）研究了港口集群的管理，将集群管理定义为“集群内使用的各种各样协调机制的混合以及这些机制之间的关系”。Andy C. Pratt（2004）探讨了创意集群的管理，认为集群管理是存在企业内部、企业之间和区域层面企业间这三个不同层次上的潜在的协调能力。

产业集群管理和公司管理可能会有相同之处，但集群和公司作为不同的组织形式，具有不同的特性，因此仅仅照搬公司管理来定义产业集群管理的概念具有一定的局限性。将产业集群管理视为一种协调也不够全面。定义产业集群管理必须建立在对产业集群特性、动力机制和竞争优势等内涵的充分理解基础上。集群管理是有目的性的、进行企业集群更新升级的所有集群成员都参与的集体活动，最终目的是要建立和保持集群的持续竞争优势。集群管理是集群成员的有意的集体行为以促使集群的升级，加速和提高创新过程为目的的活动。集群管理的本质包括拆除一些制度和用一些新制度代替，以保持集群竞争力。企业集群是复杂系统，其产生、发展活动都离不开集体的作用。毫无疑问，管理也是集群成员的集体活动。

产业集群管理是有目的性的、所有集群成员都参与的集体活动。其本质是规避集群发展风险，促进集群增长，即让集群成员具有共同的使命感和发展目标规划，最终获取和保持集群的持续竞争优势。具体内容包括如何协调集群内成员的利益关系、价值链的移动、创新能力的增强等。产业集群管理的本质是集群经济增长，这个增长是依赖于集群产生技术变化和适应更新制度的能力。集群管理能给集群内企业带来绩效，首先是产生高效率（低成本），然后是提供较好的品质，增加弹性并最终成功创新。

（二）产业集群管理的动力机制

集群管理必须以动力机制研究为基础，管理主体应先掌握本地动力机制的构成原理和运行规律，按照这些原理和规律实施管理行为才顺应了集群的自主发展。产业集群管理的动力来源主要有：

1. 集群发展观。为了防止在集群动态发展过程中的变化、提高集群竞争力而进行管理。为了提升集群集体行为的最终目标——持续提高“高效率（低成本）、高质量、增强灵活性和创新成功”，集群有动力进行管理。产业集群的不断增多与壮大，使得产业集群的管理问题成为理论和现实中迫切需要解决的问题。

2. 集群发展危机观。在集群发生危机的时候需要进行管理以维持集群竞争优势。集群管理的需求既来自集群内部的危机，也来自外部的竞争压力。集群成长到一定阶段，因为“锁定”或者其他原因跟不上时代发展步伐而停滞甚至衰落时，集群就会暴露许多劣势，需要集群管理来拯救集群。产业集群系统的复杂性和产业集群组织失灵的存在需要产业集群的管理。

3. 生命周期观。集群管理不仅是集群开始形成时的政策研究问题，也是伴随集群生命周期过程中的课题。也就是说不仅仅在集群衰退期需要管理，在集群的整个生命周期内都需要管理，只不过各个阶段管理的重点和内容是不同的。

4. 企业战略发展观。集群管理的研究能给集群内企业提供新的战略框架。企业的战略是提高管理技术和促进产业演化。集群是企业的环境，企业应该通过参与集群管理，积极改变自己在集群中的地位以及集群结构本身。对于企业成员而言，集群管理是相互的、社会的，是能力和关系的发展过程。前三个管理动力来源是从集群的整体角度提出的，而企业战略发展观则是从集群内微观成员发展的角度进行探讨的。其中，集群发展观和生命周期观都强调在集群发展整个过程中进行管理；而集群发展危机观则强调管理是发生在危机后为振兴集群而进行的。

（三）产业集群管理模式

1. 文献回顾。对于产业集群管理模式的研究，国内外学者已经做了一些的探讨。李恒（2006）认为，模块化生产的激励机制为集群的管理提供了良好的思路。Brown（2000）认为，根据意大利317/91法的原则确定产业区委员会作为管理者，由企业代表、政府部门、协会组织、相关产业代表、业内著名人士等组成的产业区委员会主持的民主管理和决策模式是比较合理的集群管理模式。郑建伟、万君康（2004）认为，产业集群的三大管理模式也可以分为基于权威的层级管理、基于价格机制的市场管理和基于法律和社会契约的网络管理。集群管理模式的选择基础是交易成本和生产成本的最小化。朱华友、丁四保（2006）认为，外部管理主要是通过全球价值链管理进行的，而内部管理主要是网络管理。陈少华（2007）讨论了地方政府管理产业集群的两种路径：从政府强力干预到多元化管理以及从依靠市场自发力量到政府参与到多元管理。杨慧（2007）将产业集群管理模式分为自治型、领导型和管理组织型。有效的管理机制有利于降低交易成本、规范交易行为，是企业集群发展的制度和组织保证。我国企业集群缺乏有效的管理机制，集群内部信任还主要是一种人格化信任而非制度化信任，普遍没有建立像国外发达企业集群那样的企业合作性管理机制，导致恶性竞争现象的发生。政府在集群管理方面的行为应该继续发挥传统功能的作用，努力培育集群合作文化、诚信文化，发展网络关系，形成有效的应对企业道德风险的社会实施机制，从而提高产业集群的效率和提升产业集群的竞争力（刘友金、徐尚昆、田银华，2007）。王淑贤（2006）认为，产业集群的管理问题演变为网络组织管理问题的一个应用，产业集群管理机制以社会机制为主，淡化了权威、契约等组织的基本规则，从而否认了经典公司管理理论对于产业集群的适用性。

2. 产业集群管理模式。基于集群管理的主体、管理的机制和形式，上述文献可以归纳为两种管理模式：自组织管理模式和权威管理模式。自组织就是借助制度化的谈判达成共识，建立互信，以促成个人、组织和系统战略等各个层次上的合作。自组织管理是“没有政府的管理”，是社会与社区的自组织，既超越了市场也不需要国家。

（1）产业集群自组织管理模式。产业集群自组织管理模式要求集群成员彼此之间平等，保持持续不断的对话和交流，以此消除单个企业有限理性的缺陷，产生和交换更多的信息从而加强集群创新系统的效应。此外，集群的自组织管理模式使得所有管理成员的行为锁定在涉及短期、中期和长期并存运作、相互依赖的一系列决定之中，降低机会主义行为对集群成员和集群品牌的危害；在于鼓励集群成员间相互依存，共同享有集群品牌的益处及其可能产生的风险。通过成员间交流，增强企业学习能力，以适应不断变化的环境。

（2）产业集群权威管理模式。大多数产业集群是在具备一定条件的情况下集群成员自组织或外界力量的推动形成的。从微观上看，各个成员既是相互独立的，也是相互依赖的；从宏观上看，各个成员都是集群内运动的单元，具有共同的目标和文化。但是集群管理对于成员来说并不是十分明显和迫切的。因此集群内所有成员需要在一定权威组织下完成集群的管理。不能简单地说哪种管理模式更有效，需要根据集群的实际情况采用具体的管理模式。更为重要的是集群的管理模式不是某个成员或政府机关选择的，是根据所有成员的行为、环境、历史而形成的偶然。

产业集群管理是一个社会经济复合系统，具有管理主体、动力、客体的多元性、相互关联的动态性，系统内部及系统与环境之间存在不确定的物质循环、能量流动、信息传递与价值增值。在产业集群管理过程中需要一定的政策启动和增强产业集群管理的动力机制。政策体系归根到底是通过对产业集群管理主体的引导而起作用的，对不同层次的管理主体及其之间的相互作用，需要不同的政策与之相适应。管理主体及其相互作用、启动与增强集群管理动力、集群管理政策，这三者之间相互依赖、相互作用。

二、旅游产业集群的管理模式内涵

旅游产业集群的管理模式是一种“和谐”的行政体系结构，是在以可持续发展思想指导，以“引创需求、多轮驱动、多元融合发展”为内在动力之下构建的。这种“和谐”，是各主体之间利益关系明确，行动过程相互配合、协调一致；是各级政府之间、政府与旅游企业之间、政府与社区之间、社区与社区之间、旅游投资者与管理团队之间、管理团队之间、企业与顾客之间、顾客与社区之间的多赢；存在于旅游产业链上游和下游企业之间、生产体系中的上游环节与下游环节之间；是旅游消费体系中前次消费者与后续消费者之间的最佳组合与衔接。

作为旅游产业发展模式创新的实验区，旅游产业集群特别需要实现管理的转型升级。目前还没有关于旅游产业集聚管理的成熟理论，较为突出是Keith的研究，重点在于指出集聚和外部的经济联系，集聚支持、集聚变化等①。从根本上讲，旅游产业的集聚属于服务产业的功能集中，其规模小于制造业。因此，完全套用制造业产业集聚的管理模式有可能效果不佳。在实践中，不论是诸如依托特色餐饮街区形成的自发性集群，还是诸如依托规模化、特色化发展的旅游商品生产企业集聚而形成的人工集群，都存在自发的或者约定俗成的管理模式。可以说，旅游产业集群的管理模式影响着其组织战略的实现。旅游产业集群的管理模式调控现实目标与预期目标吻合的可能性，并在两者差距较大时，通过组织控制修正组织行为。现实目标与预期目标的差距性越小，说明旅游产业集群的管理模式越有效。没有有效的管理模式，旅游产业集群很难将自身的资源和能力凝聚成为核心竞争力，发展成为

① 郑贤贵：“餐饮产业集聚演化机制的实证研究”，西南交通大学，博士学位论文。

具有动态发展的创新性组织。

（一）管理系统的构成与运行

管理主体是指掌握企业管理权力，承担管理责任，决定管理方向和进程的有关组织和人员。管理者和管理机构是管理主体的两个有机组成。在管理实践中，管理主体基本上是由参加管理活动的人或人群组成的。这些人或人群具有一定的管理能力，拥有相应的权威和责任，从事现实管理活动。在小生产时期，各级管理人员往往集决策、指挥、监督和控制等各项职能于一身，组织的管理主体常常是组织所有者，单个的管理主体人们称为管理者。但是，在现代化大生产中，由于组织规模大，它的管理并不是由一个管理者完成的，而是由许多个人按一定功能组织起来构成一个统一的整体来管理整个组织，这样的管理主体称为管理系统。

管理系统是一个完整的闭合负反馈控制系统。按管理系统在组织中所处的功能，可以分为决策系统、执行系统、监督系统和反馈系统。任何一个稍微复杂的管理活动，都是由决策系统制订方案，执行系统加以贯彻，并由监督系统监督执行，而反馈系统则将执行的情况反馈到决策系统。这样就构成了一个完整的闭合负反馈控制系统。

具体地说，管理系统运行的过程，一般是决策系统由依靠外部与内部输入的信息作出决策、下达指令。一方面，下达给执行系统机构执行；另一方面，下达给监督系统，对执行情况加以监督。然后，接受单位将执行情况传输到反馈系统对执行情况与指令要求加以比较，找出差距，提出建议并反馈到决策系统。最后，再由决策系统作出决策，发出新指令。这样便形成了管理系统的封闭回路。如果没有信息反馈，决策系统不能及时而准确地了解执行情况，防止和纠正偏差，就不能形成有效的管理。

决策系统是管理系统的核心，是管理系统中最重要的组成部分。决策系统由负有决策责任的领导者和参谋人员组成。一般来说，一个大型企业的最高决策层是一个规模适当的决策集体，集中为完成其任务所需要的各种专家。决策系统的核心是拥有决策权的最高领导者，如董事会、董事长、总经理、总会计师等。围绕这个核心，设立企业决策机构，承担企业决策核心交办的具体决策任务。企业决策机构根据大量的情报、信息，以及参谋系统提供的各种可供选择的方案，从全局出发，经过分析、比较，对企业的重大问题最后作出决定。

决策方案确定以后，便进入方案实施、执行阶段。这一阶段由执行系统完成。执行系统其任务是负责执行决策系统的各项指令、方案的贯彻、落实，从事制订计划、组织人员和具体指导工作。执行系统执行指令要求坚决和不走样，否则最佳方案也难以达到最佳效果。因此，执行机构要求精干、高效，人员必须忠于职守，善于领会领导的意图和把握基层人员的心理。

一个完善的管理系统还需要监督和反馈系统，从而使管理系统形成完整的闭合回路。特别是在复杂多变的情况下，监督和反馈系统更加重要。人们的认识不是一次完成的，正确的决策也不可能一次完成，领导部门经过慎重研究决策后，除了督促执行外，还要十分重视来自执行部门的反馈信息。监督和反馈系统是对组织活动实行监督和反馈的组织，它的职能是把决策执行情况和出现的问题及时反馈给决策系统，以便决策系统进行调整和修正，保证管理实际活动及其成果与预期的目标相一致，从而实现管理的目的。它根据决策系统的指令，对组织的活动进行监督，把决策指令执行的情况和问题及时反馈到决策中心，以便进行调整、修正和追踪，从而逐步逼近决策目标。监督和反馈系统是组织中不可缺少的组成部分。

（二）旅游产业集群的管理主体

构建发展动力、明确发展路径是中国旅游产业集聚发展能否建设成功的关键所在。如依托城市由城市带动形成的集群、依托核心景区由景点形成的集群，这种自发形成的集群管理主体主要是政府相关部门或者社区组织；依托特色、龙头产业形成的农业、工业旅游产业集群，依托规模化、特色化发展的旅游商品生产企业集聚而形成的人工集群，其管理主体既有政府、社区组织，也有旅游企业或者投资者。实践中，投资者的作用可能更大。由此，可以推断出旅游产业集聚的管理主体既可以是政府，也可是旅游企业或者投资者，更有可能是社区组织。不论是政府、旅游企业还是社区组织，在发挥管理职能之时，都受到客观条件的限制。

1. 权利条件。可以将管理主体的权利条件理解为管理主体在发挥管理职能时能直接控制的外部条件，或者说是按照其特定目标行为的人与事，或者理解为主体的权利和影响力范围（Dye，1993）。在旅游产业集聚发展的过程中，政府的权利条件突出表现为相关的职能部门；旅游企业的权利条件表现为企业自身；而社区组织的权利条件一般限制在特定的人口群体与相关资源当中。

权利条件体现为主体的权利特征与行动性质（林涛，2010）。管理主体所拥有的资源和能力全部通过权利条件得以体现。对于具体的管理主体而言，权利条件的可控性并不是一成不变的，而是通过一系列的演变、积累和创新逐步修正的。例如，旅游产业集群中企业规模的扩大，意味着以企业为管理主体的权利条件不断增大；社区组织通过对旅游企业旅游资源掠夺性开发行为的诉讼胜利，获得在开发与管理中的绝对主动权，进而扩大权利条件。

2. 结构条件。旅游产业集群管理主体的结构条件是指其不得不遵从的社会、政治与经济环境。例如，其在产业链中的位置、区域特征、国内外竞争形势等等。对于旅游产业集群的管理主体而言，这些是暂时无法改变的因素，只能承认其合理性，并在其允许的范围内寻求组织战略实现的途径。

既然结构条件是管理主体不可轻易扭转的，那它必然成为管理主体实施行动的基础。对于旅游产业集群的管理主体而言，外部环境的即有特点，如价值链位置、竞争优势等等往往决定了该集群与区域中其他经济主体的联系与特征，进而影响其管理模式的实现程度。

3. 网络条件。旅游产业集群管理主体的网络条件是指其与其他利益相关者的关系构成。管理主体发挥管理职能，往往需要从网络中的其他节点获取资源和能力。从根本上讲，管理的过程就是网络结构强化或者重组的过程。

构成网络的各个利益相关主体，不论是管理主体，还是管理对象，或者是主动、被动参与者，都具有各自组织独特的组织文化与行为特点。因而，由此构成的网络必然具有多元或不稳定的特性。网络中的关系是动态的、多元的，各个组成部分之间的角色也是不确定的。管理主体在实施管理行为时，必然要注意到管理目标与行为的复杂性和网络关系的复杂性是否对接，是否具有灵活的适应性。

三、基于其他产业集群管理模式的经验总结

（一）国外相关产业管理模式与经验

在国外，与旅游产业集群发展相类似的文化产业发展各有所长。美国采取的是一种“无为”的管理模式；英国采用的是“市场主导型”管理模式；而法国与我国情况相类似，采取的是“政府主导型”的管理模式。

1. 法国文化产业“政府主导型”模式。法国的管理模式展现出鲜明的管理特色，与法国文化产业发展的具体国情息息相关。法国历史悠久，具有丰富的文化遗产。因此，历史文化遗产成为法国文化产业发展的重要基础，政府的管理功能更加完善。《法国文化政策》一书指出：“法国文化政策的历史可上溯到16世纪的皇室庇护传统，从那时直到今天，法国文化政策一直具有这种皇室扶持特征：即提高文化知识和文化艺术，逐步完善国家文化行政管理机构和文化预算。”而1959年文化部的设立则标志着法国文化政策的新起点，对文化开始了更加系统和完善的管理。1959年7月24日文化部成立的法令，明确指出：“文化事务部的任务，是人类的、首先是法国的主要成就。让尽可能多的法国人受益，确保我们的文化财富具有最广阔的支持

者，对艺术作品的创造和丰富创造艺术的精神都应该给予有力支持。”这表明法国的文化管理机构具有更加强烈的国家意识，彰显国家对文化发展的筹划行为。进入20世纪90年代，随着世界文化产业发展的大趋势以及法国经济发展的现实状况（发展变缓，失业率变高），法国文化的产业化进程加快，政府希望通过发展文化产业，创造就业机会，推动法国经济的振兴，这一思维直接表现在法国文化政策之中。1996年8月16日，法国文化部长在国民议会发表演讲指出："文化投资即是就业投资，因为，投资与就业之间的最佳途径就是文化。”由此可见，法国文化政策是随着整个世界文化发展趋势和本国经济发展状况而逐步完善的。

由于法国在文化产业管理上属于政府主导型，表现在资金管理上也倚重政府的主体作用，主要包括这样几个层面：首先是中央政府直接提供赞助、补助和奖金等，每个从事文化活动的单位、企业都可以向政府申请财政补助；其次是地方政府的支持，法国各级地方政府都有发展文化的财政预算；最后，政府通过制定减免税等规章制度来鼓励社会企业为文化的发展提供各种形式的帮助。为了完整地落实相关的资助，法国政府还从以下两方面展开资金筹集：一是建设文化产业信贷，将一些文化行业如电影业等列为重要的产业门类，在增加政府贷款和拨款资助之外，运用信贷方式，鼓励银行和财政机构对文化产业投资；二是建立文化合同制，在对地方重点文物机构给予经常性财力支援的同时，通过协议或合同形式，对地方重要文化建设项目予以投资。应该说，法国文化经费在政府主导的机制之下，得到了充足的保障。比如1995年，法国文化经费预算为134.55亿法郎，占国家财政预算总额的0.95%。1996年的文化经费预算是155.42亿法郎，比上年增加了15.8%，占财政预算的1%。1997年、1998年、1999年三个年度的文化经费分别是151亿法郎、151.46亿法郎和156.69亿法郎，这些资金为法国文化产业创造了不俗的社会效益和经济效益。

2. 美国安纳海姆市旅游产业集群的经验借鉴。美国安纳海姆市位于加利福尼亚南部桔子郡中心，北邻洛杉矶，南部是圣地亚哥。该城市全年气候温和，年温差较小，约8℃～28℃。城市分为四部分：以迪斯尼乐园为中心的旅游区、峡谷区、白金三角和安纳海姆山区。安纳海姆市的经济来源主要是旅游收入，以安纳海姆展览中心的各种主题公园闻名世界。安纳海姆会展中心、迪斯尼主题公园、迪斯尼加利福尼亚公园和迪斯尼市中心组成安纳海姆市旅游中心区。旅游中心区周围餐馆旅店云集，构成一个商业生态体系。

美国安纳海姆市是具有地方特点的成熟旅游产业集群。温和的自然条件、发达的交通体系、洁净安全的城市环境为旅游产业发展提供了基础条件。城市建成交通、餐饮、住宿、购物、娱乐互惠的旅游产业集群体系。

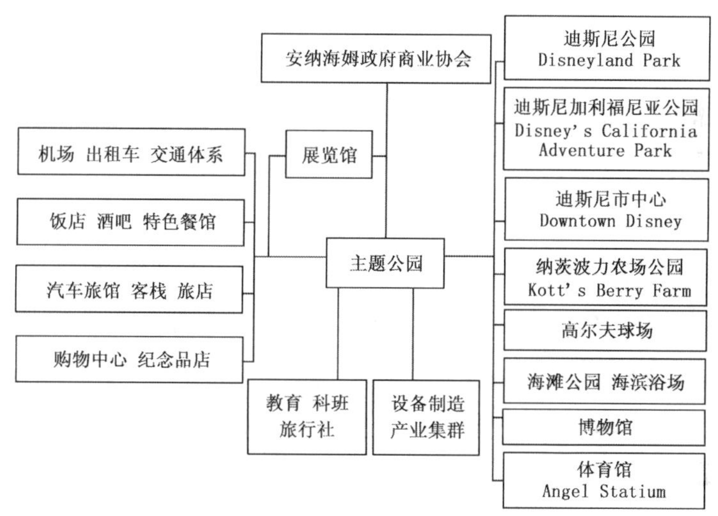

图6－1 安纳海姆市旅游产业集群

该集群在管理过程中有如下特点：第一，地区政府和旅游协会全局宣传，促进整个地区的产业发展；第二，展会与周边旅游设施共建基础设施，为周边带来游客，并提供免费宣传；第三，主题公园嵌套餐饮、购物商店，形成共生体系；第四，旅店、餐馆、主题公园之间是互补性竞争，各自挖掘独特竞争优势，避免抄袭；第五，旅店和主要景点合作，代购门票，互通公交。

以上旅游产业集群形成合作竞争关系，形成产业互惠生态体系，产业可持续性良好。相比之下，国内很多旅游产业集群重复建设，互相抄袭，引发恶性价格战，引发破坏周围自然资源的外部不经济行为；抑或单纯追求短期经济效益，投资建设与本地原生环境相脱离的游乐项目，结果导致项目投资量大、衰退迅速、原生环境坏损，不可再生等难以挽回的损失。

3. 动漫产业集群的管理经验。国外动漫产业集群模式大体分为三种：(1) 市场主导型的美国模式。美国是世界动漫产业的先行国家，其动漫产业政策从一开始就是以规范性政策为主。即是说，美国并没有制定专门针对动漫产业的指导意见甚或优惠性政策措施，而是将动漫产业的发展很好地融入其自由主义市场经济的整体之中。政府作为文化政策的制定者，更多扮演消除障碍、疏通关系、保护知识产权等服务者的角色，充分体现了美国政府“无为而治”的特点。(2) 政府扶持主导的韩国模式。韩国动漫产业的迅速崛起首先得益于政府的大力扶持。政府的主要做法是，设立专门职能机构、予以资金的大力扶持、支持人才培养、提供技术支撑、帮助开拓国际市场等。(3)“官、产、学”一体化的日本模式，亦称混合管理型模式，即以企业作为市场主体，以学术研究作为内容生产指南，而政府则作为“产”“学”连接的平台和调节人，恰到好处地发挥政府的能动作用。其政府行为主要是：明确产业定位；设立专门机构；保护知识产权；通过官方、半官方机构对动漫企业进行产业辅导，为动漫企业搭建孵化平台和交流合作平台；设立公共支援制度，向相关制作公司提供资金融通；促进出口。

（二）我国产业集群的管理经验总结

如果对我国现有产业集群进行调查研究，并梳理国内外相关文献，可以发现，尽管管理模式各不相同，但产业集群的管理尤其重视以下几个方面：

1. 政府给予优惠的政策体系，全力支持营造集聚大环境。区域的持续稳定发展是以资源的时空有效配置为前提的。在产业集聚发展的过程中，各种生产要素的配置效率，不仅决定了集聚发展的整体利益，而且还决定了集聚发展的潜力和动力。由于市场机制本身具有不可克服的缺陷，单纯依靠市场力量很难保证产业的集聚发展沿着优化路径进行。特别是在经济欠发达地区，政府在产业集聚发展的过程中仍要承担保障与促进角色。例如，浙江省的产业集聚就是在政府提供的良好创业环境下取得的。温州经验表明，政府在引导产业集群整体的发展方向上具有强大的导向作用，如推动招商引资，鼓励品牌塑造，鼓励企业上市等等。

虽然政府参与会破坏企业集聚的自主性，但是在产业集聚的初期，在消除集聚的负外部效应方面，在促进产业集聚的升级过程中，政府发挥着不可替代的作用。

2. 构筑人才高地，以人才为发展动力。人才是企业创新的动力，是产业集聚发展的源泉。硅谷的成功在于以斯坦福大学为代表的高素质人才不断注入；中关村的快速发展在于毗邻高校，毗邻研究所，各类专业人才汇集；印度班加罗尔的辉煌得益于良好的人才培养环境和海归的回国创业。不论中国也好，美国也好，印度也好，事实证明，建立良好的用人机制、以人才战略带动集聚发展才是根本之道。只有重视人力资源开发，重视人才培养与引入，产业集聚才能成长壮大，才能实现可持续发展。

3. 构建“共生”模式，以诚信实现共赢。产业集聚是不同产业、不同类型企业结成的利益关系网络。由于空间上的接近、产业上的关联、文化特征的相似，以及工作人员的频繁交流，利益关系网络比较其他合作网络具有较好的凝聚力。不同企业间的横向联系、同一产业链上企业间的纵向联系、各个行业之间的交叉联系构成了这种依存的网络。企业之间有竞争，有合作，有非正式的信息交流，形成一种“共生”的模式。因此，每个成功的产业集群都非常重视对这种利益关系网络的形成与稳定维护，通过诚信合作，降低交易成本，维护集群的可持续发展。

4. 注重服务平台建设，以服务保障发展。服务平台是介于政府与企业、企业与企业之间的特殊组织，在政府与企业之间、企业与企业之间、集群与社会环境之间发挥着不可替代的作用。集群中第三方组织或者中介服务组织提供的服务无所不包，从金融到保险，从出口到进口，从教育培训到医疗保健等等，均实现了一条龙服务，为集群的发展提供了最优化的服务保障体系。

四、旅游产业集群管理模式的设计构想

在我国的地域范围内，不论是城市休憩带，还是乡村旅游系统，人文、生态、自然旅游资源都较为丰富。在旅游产业集聚发展的过程中，如何建立一种行之有效的管理模式，正确处理各利益主体之间的关系，是急需解决的问题。

需要注意的是，这里的管理模式是对旅游产业集群的宏观管理，是政策管理，而不是针对于个别企业的微观管理方法。管理模式的实现需要采用一定的策略，以缩小管理目标与现实环境的客观冲突。

（一）适应性构想

这一构想强调管理方法、管理模型、管理制度、管理工具、管理程序等内容根据结构条件修改具体实施方案，直至管理模式与现实条件拟合。

德鲁克指出，并不是有了工作才有目标，而是相反，有了目标才能确定每个人的工作。所以“企业的使命和任务，必须转化为目标。”如果一个领域没有目标，这个领域的工作必然被忽视①。同样，旅游产业集群的管理主体也应进行目标管理。当确定集聚发展目标后，应对其进行模块分解，转变成具有针对性的具体指标，比如，产业配套目标、市场目标、专业化分工目标、政策导向目标等等。管理主体根据具体目标的完成情况进行绩效分析。假设没有目标一致性的具体指标，那么旅游产业集群的规模越大，企业越多，专业分工越细，发生利益冲突和资源浪费的可能性越大。

① 彼得德鲁克：《管理——任务、责任、实践》，华夏出版社2008年版。

并且，管理主体应通过学习、内化、实践、积累、创新等行为不断扩大权利条件，稳定网络条件，并在动态发展的权利条件下实施管理。

（二）控制性构想

从根本上讲，不论是哪种管理模式，都要强调战略控制与财务控制，通过正确的管理手段与方法洞察自身行为并提高组织绩效。

有效的战略控制可以帮助组织了解哪些行为可以取得成功①。不论是哪一种模式的旅游产业集群，在运用战略控制手段时，都可从预先设定的主观评价目标入手，分析评价组织在特定外部环境，内部条件下的运行中，是否具有竞争优势，组织战略是否运用得当。值得注意的是，战略控制要特别关注组织“应该做”（外部环境决定）和“可以做”（自身资源和能力决定）是否统一。

对于实施不相关多元化战略的旅游产业集群，财务目标是其战略重点，可运用具体的会计指标，如投资回报率（ROI）、资产回报率（ROA）和市场指标（经济附加值——EVA）来比较各个经济主体或者利益相关者以及实际经营人的绩效。

如前所述，旅游产业集群管理模式的有效性在很大程度上取决于战略控制与财务控制的结合。但是，在实际的发展过程中，随着旅游产业集群战略类型的变化，选择控制手段的实施重点也应不同。例如，注重成本领先战略的旅游产业集群可强调财务控制，而注重差异化战略的旅游产业集群则可强调战略控制。

（三）实践性构想

实践性构想是指在旅游产业集群的管理主体要尊重旅游业发展的客观规

① M. Santala & P. Pavinen , 2007, “Form Strategic Fit to Customer fit”, *Management Decision*, 45: 582 -601.

律，认真做好调研工作，准确把握区域的经济特点、文化特点，以及企业文化和劳动力素质等因素，在现有的优势和未来发展的趋势下，结合产业集群的相关理论和战略管理理论，制定具有区域经济特点的旅游产业集群的管理方法与手段。同时，不仅要学习成功集群的管理经验，还要从失败的集群管理模式中总结可借鉴的具体措施，以便使形成的管理模式更加符合旅游产业集聚发展的实际要求，并实现预期目标。

五、旅游产业集群管理模式的现实解析

从目前各地区旅游产业集群的发展实际来看，主导的管理模式主要有三种情况：一是管委会管理模式，是以政府相关部门为主导，旅游企业（旅游投资者）和社区组织为辅助，共筑管理平台；二是企业管理模式，是以旅游企业（旅游投资者）为主导，当地社区组织和居民联合参与管理；三是社区管理模式，是以当地社区组织为主导，旅游企业（旅游投资者）和当地居民共管。

不论是哪种管理模式，其管理理念都要摆脱传统产业集群的管理惯式，要实现从抓个别项目到向抓产业链形成的转变，其管理方法要从简单优惠税费、优惠土地出让金向建立系统的信息、物流、金融、服务平台转变，其管理程序要从繁琐向一站式转变。

无论是管委会管理模式，还是企业管理模式，或是社区管理模式，在管理过程中，都必须正确处理开发与保护、利用与节约之间的关系，以最小的资源成本获取最大化的经济与社会双重绩效。

（一）管委会管理模式

管委会管理模式，是指在旅游产业集聚发展的过程中，以政府相关部门为主导，旅游企业（旅游投资者）和社区组织积极参与的一种联合管理平台。

对社会事务的管理是政府的基本职能之一，对于旅游产业集群来讲，有直接关系的主要就是行业主管部门。在旅游产业集群的发展实践中，旅游企业、社区组织、相关利益群体为政府提供规划、建设、实施意见；同时，政府相关部门也学习企业思维，为集群积极改善基础设施和营销条件。在某些特定时间或者旅游资源富集区而地方经济发展滞后区，特定级别的旅游行业主管部门甚至承担了旅游企业的市场职能。

阅读材料：

民国期间，国民党在黄山先后设有黄山建设委员会驻山办事处和黄山管理局等机构。1949 年 4 月 27 日，黄山解放。皖南行署派员接管黄山，成立黄山人民管理处（科级建制）。1952 年 10 月，管理处升为县处级建制。“文革”期间，“黄山管理处革命委员会”曾一度代替黄山管理处行使职权。

1979 年 10 月，黄山管理处升格为黄山管理局（厅级）。1983 年 12 月，国务院批准设立县级黄山市，撤销太平县建制。当时，县级黄山市与黄山管理局两块牌子一套人马，其重要人事任免须报黄山管理局同意。1986 年 6 月，省委、省政府决定：黄山管理局受省和徽州地区双重领导，业务上以省为主；黄山市由徽州地区代管。黄山管理局、徽州地区和县级黄山市三方领导实行交叉任职。

1988 年 12 月，为进一步贯彻落实国务院关于设立地级黄山市的批复精神，省政府决定：撤销黄山管理局，黄山管理局原内部机构、直属单位及人员编制划归黄山风景区管理委员会管理和领导，级别、待遇不变。黄山风景区管理委员会在黄山市人民政府领导下工作。1989 年 4 月，省人大常委会通过《黄山风景名胜区管理条例》。该条例第四条规定："黄山市人民政府设立黄山风景区管理委员会。管委会主任由市长兼任，管委会在黄山市人民政府的领导下，主持风景区的管理工作。"至此，明确了黄山风景区管理体制[①]。

黄山风景区的发展实践表明，随着旅游产业集聚的逐步成熟，政府的主导重点逐步转移。黄山管委会目前是事业单位，按集团化企业经营管理。黄山管委会在成立之初，由政府相应级别的官员担任主要领导，承担规划、管理、经营的职能。随着旅游经济的发展和社会环境的转变，黄山风景区管委会相继成立黄山旅游发展总公司，改制组建黄山旅游发展股份有限公司，组建黄山旅游集团。其管理流程由直线式转为网络型。当前，黄山管委会根据省、市政府的授权，行使行政执权和国有资产经营权。同时，在资源保护、规划建设等方面接受建设部及省、市建设部门的指导和监督[②]。2002 年 5 月，全国人大常委会环境与资源保护委员会主任、世界知名环境专家曲格平同志考察黄山后认为："黄山的美丽无与伦比，是我看到的世界最美的地方。黄山的管理水平是国际先进水平，一些办法看似很笨，但很有效，有效的才是先进的。如果要在这方面对它横加指责，我看大可不必。"由此可以看出，由政府主导，旅游企业、社区组织、行业组织和居民参与开发、管理，能够实现旅游资源的合理开发、利用，能够实现人与自然、人与人之间的和谐关系。

宏观上讲，以黄山风景区为代表的管委会模式正在给其他旅游资源富集区的地方政府强大的示范作用。

在总结以黄山风景区为代表的管委会管理模式后，可以发现，政府的施政重点在于加强企业之间、企业与外部环境之间的战略联系，为集群的发展提供政策和制度的保障。同时也说明，各种政策工具的组合使用可以发挥综合效用。虽然实践中不存在最好的政策工具，但是从历史经验中还是可以总结出一些基本点：

---

①② 资料来源：百度百科 http：//baike. baidu. com/view/74660. htm。

第一，遵循市场规律。必须以现有的或者是有新建基础的集群为前提制定相应的建设政策，不能“因荐而建”。盲目创造旅游产业集群会导致高投入、低产出或者“零产出”。如果在空间较近的范围内追求建设定位相同的旅游产业集群，重复建设会破坏市场结构，削弱企业的竞争能力和利润空间，最终导致人为的经营风险。旅游产业集聚的过程充满复杂性和多样性，如果政府试图创造这样的系统，成功率不高。因此，政府的主导作用最好间接地体现在参与集群的创建过程中，而不是参与主导集聚发展的全过程。

第二，明确施政方向与角色定位。在旅游产业集群中，发展的主角是企业，政府要让企业成为集群发展的主要动力，而自身充当“润滑剂”和“桥梁”的作用。从根本上讲，政府的主导作用应体现在鼓励集群内企业之间的相互协作，为企业提供创新实现的途径和利益相关者合作行动的有效网络，为集群提供公共产品与公共服务。政府的施政方向应主要放在有需要和潜在需求的企业之上，不管这一类型的企业是否存在于集群之中，或者是否有可能进入集群，都应该提供完善的服务平台，建立有效的信息交流渠道。

第三，构建创新机制，促进信息管理。政府主导的作用还可以体现在帮助和引导企业建立自我学习机制，并且通过制度建设，加快信息在企业内部、企业之间、企业与外部环境之间的交流，促进整个集群学习能力的提升。此外，政府负责各种信息的收集、发布和评价工作，尽量减少行政力量对企业内部事务的干预，并通过信息通报等形式引导企业的经营活动。

第四，有助于提升核心竞争力。旅游产业集群核心竞争力的提升来源于许多方面，但是与其直接相关的就是供应链与销售链。政府的主导作用还可以体现在保障内部供应与销售环节的稳定性之上，体现在不断吸引各种资本进入该环节之上，以不断降低交易成本，提高绩效，增强集群的动态发展能力。

另外，政府的主导作用还可体现在利用公共资源进行对外宣传与品牌建设之上。

这种管委会管理模式，适宜于旅游生产商集群、生态旅游产业集群、跨行政区划旅游产业集群等等。应该指出，政府的主导作用体现在宏观政策上。集群内的经营活动主要由企业开展，企业是经营主体。同时，企业必须接受政府相关部门的监督、管理、审计，以保证旅游产业集群有条不紊地发展。

（二）企业管理模式

服务业集群蓬勃发展之势与巨大潜力吸引了大量社会资本，不断有企业介入集群的建设与运营管理。由企业主导的集群往往是划园而治的，产权相对清晰，管理主体明确。这种类型的服务业集群发展势头强，但运营管理问题突出。

企业管理模式建立的前提是必须符合社会经济发展目标，必须遵循政府制定的旅游规划。其组织结构见图6－2。

作为经营管理核心力量的旅游企业，是旅游企业（投资商）、社区组织、居民、各种相关配套产业入股的股份公司，是各种利益相关者交织而成网状经营体。任何企业都是以获取经济利润为目标的。在日常的经营管理中，旅游产业集群内的旅游企业为实现经济租，需要与集群内外的各种组织进行资源交换。例如，按照约定俗成的惯例获取旅游基础资源，从社区居民手中购买基本服务，从行业协会获取信息，保持与政府的良好关系等等。

在集群惯例型的经营活动中，旅游企业的逐利本性发挥能动作用，在持有维护惯例倾向的同时反对有碍于惯例的干扰因素。例如，行业协会的新规、社区居民的新诉求、政府的临时检查等等。集群的原有管理模式不能保证旅游企业经济租的获取，则会率先发起对模式的变革。特别是在资源禀赋高但是区域经济或者政策支持不利的地区尤其会发生。在少数偏远地区，旅游企业经营管理的惯例型活动无法顺利开展或者运营成本过高，旅游企业就会与其他利益相关者进行协商，重塑利益关系网络，以改变集群的亚环境。

需要强调，这里指出旅游企业必须承担双重责任——社会责任和股东责任。正如魏小安指出，旅游企业是社会文明和旅游文明的缔造者，是现代生活的创造者。其在经营管理过程中必须遵循以下原则：

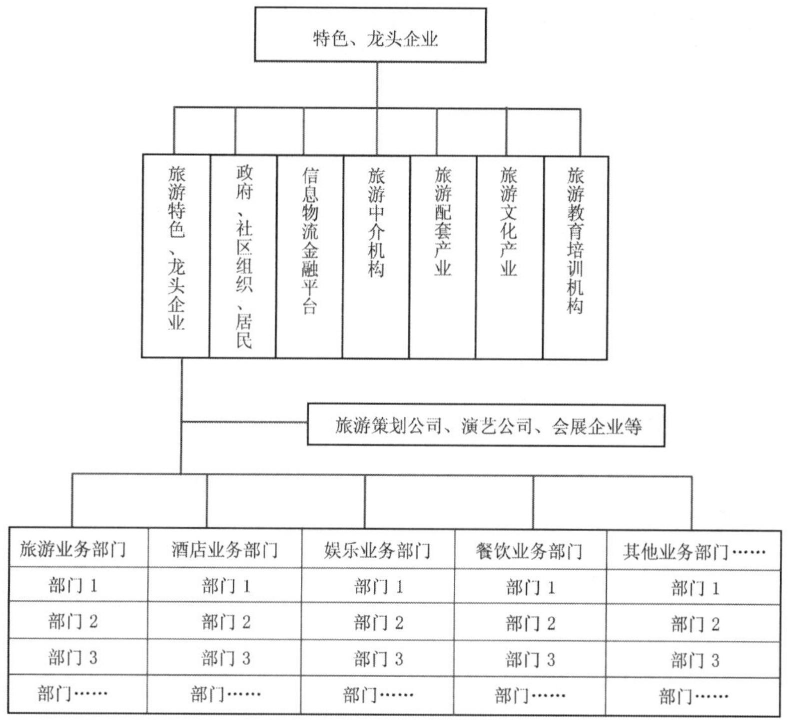

图 6-2 企业管理模式中的组织结构示意图

1. 强化董事会监督职能，确实保证投资者（股东）利益。独立董事制度是最有效、成本最低的治理手段，也是公司管理模式得以较好发挥作用的重要保障。另外，应该强调对中小股东的平等待遇，设立职工董事、职工监事，主要债权人以债权转股权的形式进入董事会，旅行社和社区等有权列席董事会会议，并强调与利益相关者进行充分的信息沟通，从法律制度上保证利益相关者参与旅游区管理。具体而言景区董事会可分为内部董事和外部董事。内部董事由 3 ~5 人组成，既包括在景区中担任重要职务的景区经营管理核心成员，也包括党组代表以及职工代表。这样既能保证景区战略规划可行，又能体现我国职工民主参与管理的特点。职工董事人数应该与股东董事人数相等，并拥有相同的表决权。外部董事不能全由上级主管部门任命的成员构成，还应包括集群中的其他利益相关者。

在现有基础上，要建立共同治理的监事会制度，重点是要强化职工和银行相机监督机制，建立由股东、职工与债权银行三方组成的监事制度。三者在监事会中的比例各为1/3，根据景区规模各方选出1~2个监事，组成监事会。职工监事是职工委派自己的代表，通过股东大会进入集群领导机构，是职工参与管理和监督的重要形式，也是职工维护和保护自身合法权益的体现。他们作为生产者人力资本直接与经理人员发生联系，拥有监督经理人员的内部信息优势。债权银行具有监督方面的信息优势与金融、财务技术优势，能有效分散国有股权过度集中所带来的代理风险。

旅游投资有长短线之分，尤其是长线投资，周期长，见效慢。在这个过程中，投资者要承担很大的投资风险。为保证旅游投资者的积极性与稳定性，保证投资者（股东）利益成为基本要素。

漠视投资者利益的管理模式，投资者必将逐渐远离；只有厚待投资者，把投资者权益放在首位，才能树立起投资者对市集群的信心。无论是大股东，还是小股东，都是集群的“主人”。

管理方要确保所有投资人目标一致性，即追求投资效益最大化，通过完善法人管理结构，董事会作出的决策应该是符合大多数股东的根本利益。在此基础上，为了维护中小投资者的利益一方面通过引进独立董事制度，完善强化决策层的客观性和独立性，对涉及大股东的关联交易等事项表决实行回避制度，尽可能降低第一大股东的任意干预行为；另一方面，完善公司决策程序的简化，增强决策过程的透明度，并通过中介机构的论证监督以及舆论的监督，约束、规范控股股东的行为。

2. 将“和谐发展”内化在组织制度、企业文化当中，并成为组织行为的准则。部分由企业主导经营的旅游产业集群，一直存在“重开发、轻保护”的现象，这与“短视”有极其密切的关系。因此，在经营管理强调“和谐”，将此内化到企业的制度与文化当中就成为首要课题。

服务业集群的和谐发展必须具有相应的目标，而这一目标应该在对应的企业文化引导下形成。只有在正确的企业文化指引下的集群发展目标才是切合集群实际、符合集群和谐发展要求的目标。集群要和谐发展，必须从内部形成正确、优秀的企业文化作为精神指引。美国哈佛商学院著名教授、世界知名的管理行为和领导科学权威约翰·科特大胆预言："企业文化在未来十年内很可能成为决定企业兴衰的关键因素"。将"和谐发展"内化为组织行为的准则首先要"内化于心"。坚持"内化于心"主要是将企业文化理念化，即以培育企业核心理念为重点，着力树立适应经济全球化要求的价值取向和思维方式，充分体现精神激励、思想启迪、目标引导、理想感召、心智开发、价值追求，以及支撑发展、引领未来的重要作用。其次要"固化于制"。坚持"固化于制"主要是将企业文化制度化，即以建立适应市场经济发展要求的行为准则和岗位规范为重点，力求把企业核心理念和员工价值取向体现渗透到企业各项规章制度和经营管理各个环节，转化为广大员工自觉遵循的工作规范和劳动纪律。再次，要"外化于行"。坚持"外化于行"主要是将企业文化实践化，即以广泛开展群众性企业文化和精神文明创建活动为重点，着力建设学习文化、创新文化和效率文化，努力创造适应现代化建设所要求的工作效率、产品质量和经济效益，不断提升企业的市场信誉、社会影响和公众形象。

3. 强调整合的系统观。系统整合的观点根源来自于英国系统学会会长、国际系统科学学会会长迈克尔·C. 杰克逊的系统思考观（2006）。迈克尔指出，传统的、基于单一理论的解决方案，由于缺乏整体观念，只关注组织的局部，因此漏掉了至关重要的局部之间的关系，无法认识到对某一局部表现的最优化可能导致对整体的损害，结果管理者在应用这些"局部优化"的解决方案处理复杂世界中的实际问题时往往很难奏效，甚至会抑制组织的创造性。不论出资人为何，旅游产业集群的构成必然是多元的共同体。在整个利益环节中，尤其要注重社区资源与居民利益的保护，让社区切实在经济的发展过程中受益。强调整合的系统观，就是要树立全局观念、长期观念，以延长集群的生命周期，减少政府和社会承担环境破坏所带来的一系列责任。

旅游产业集群的管理方应该转向系统思考观，从内部控制评价的本质出发进行内部控制评价思路的设计。内部控制评价的本质是对内部控制系统本身的一种监督与考评，内部控制评价的根本在于评价各控制点的控制措施是否合理保证了内部控制目标的实现，或者说是否有效消除或降低了可能影响内部控制目标实现的风险。因此，内部控制评价决不能立足于“局部评价”，而应该着眼于“整体评价”或“全面评价”。当然，突出评价的全面性并不意味着否认“重要性”。值得强调的是，“整体评价”更注重评价的系统性，更关注评价点之间的彼此配合以及评价行为的恰当合作，因此，更符合组织目标的整体一致性和成本效益原则。

4. 优化旅游产业集群的外部治理。旅游产业集群外部治理环境包括金融市场、经理市场、需求市场、社会舆论监督和国家法律法规等外部力量对管理公司管理行为的监督。外部治理是内部治理的补充，其作用在于使经营行为受到外界评价，迫使经营者自律和自我控制。因此，只有对旅游产业集群外部环境进行有效优化，才能对景区管理起到更好的监督作用。

（1）加强金融市场对旅游产业集群的外部治理。外部治理机制的主要实施主体为银行（外部债权人）和证券市场（分散股东的集合）。作为债权人的银行在信息不对称条件下，应承担起间接信息生产者的职能，借助其金融支持的天然优势向景区拓展治理支持，对景区的重大经营决策提出建议。在条件允许的情况下，要尽可能参与建立健全治理结构的过程中，强化内部监督机制。方式可以是以外部董事的身份进入董事会或者进入监事会。在有效市场假定的前提下（即公司管理效率与公司股票的市场价格之间是高度相关的），经营状况不佳、经营业绩下滑时，其股票价格将会随之下跌。此时集群就会成为其他战略投资者的猎物。通过融资收购，收购者凭借所掌握的股权并购景区。并购市场保证了景区经营者之间的有效竞争，即景区经营者时时存在着被敌意收购的风险。由于存在被并购的风险，经营者会尽力经营，使其保持良好的业绩，以使价格保持较高的水平而不易被收购。被并购的可能性是一把悬在景区经营者头顶的“剑”，它时刻提醒那些不能有效管理的经营者，已经构成了一种现实的约束力量，成为公司外部治理的一种形式。

（2）加强需求市场对旅游产业集群的外部治理。旅游者的逐渐成熟形成了一个日新月异的需求市场。在这个市场上，景区的产品和服务将受到旅游者的裁决。在这个需求决定供给的市场游戏中，如果某个集群的产品或服务因其质量或形式深受旅游者的欢迎，那么该集群的市场占有率将会上升，并同时获得较高知名度和美誉度，走入良性循环轨道。因此，广大旅游者都要积极树立科学的旅游发展观，强调旅游的自然性、健康性、生态性和环保性，促使旅游消费健康发展。这样才能从需求上给予最大的动力，促使旅游产业集群走入良性发展轨道。

（3）加强竞争对旅游产业集群的外部治理。这里讲的竞争是指的其他旅游产业集群所带来的竞争。在信息社会，信息资源高度共享，旅游产业集群不可能在一个封闭的环境中获得长足发展。旅游产品的公共性和技术缺乏性使得景区好的创意和思想容易被他人模仿，任何旅游产业集群都不可能故步自封、因循守旧来求发展。因此，竞争如一把利刃时刻悬挂在旅游产业集群经营管理者的头顶之上，提醒他们要不断创新以求发展。各个旅游产业集群都要以积极健康的心态来看待竞争，努力吸收别人的长处，弥补自已的缺陷，杜绝用恶性竞争和违法手段来打击报复竞争对手，在旅游产业集群之间营造一个共同竞争共同发展的局面。

（4）加强国家法律法规对旅游产业集群的外部治理。政府应为治理结构建立总的制度和法律框架，在立法的同时也要适时监督各旅游产业集群贯彻法律法规的力度，对违法行为及时惩戒。另外，还应通过中国企业治理原则的制定和相关法律法规的完善，为利益相关者参与旅游产业集群经营管理机制的实现提供制度保障。

（5）加强社会舆论对旅游产业集群的外部治理。旅游产业集群是国有的，也就是全民的，全体人民都有权对旅游产业集群经营管理机构的经营行为进行监督。社会舆论已经给予旅游产业集群极大的关注，并给旅游产业集群经营方施加了巨大的压力。另外，价格的确定也在社会舆论的监督影响下逐渐走向公开化论证模式。因此，社会舆论更要利用自身的资源和信息优势，树立民众自我保护和维权的意识，拓展一个良好的社会监督网络，强化对旅游产业集群的监督，促使其良性发展。总之，要加强利益相关者共同参与旅游产业集群经营管理，使旅游产业集群内部和外部都形成一种监督制衡机制，形成一种推动各利益相关者为旅游产业集群长远利益努力的激励机制。这不但能够有效保护利益相关者的利益，而且是实现旅游产业集群管理的长期目标、强化旅游产业集群社会责任的行之有效的途径。

同时，特别指出的是公司管理模式中的旅游企业必须取得当地政府的中长期经营授权，才可能避免企业的短期掘利行为，使其为社区的长远发展做远景规划，最大限度地将“飞地”的可能性降到最小。

阅读材料：

天龙屯堡是贵州省知名旅游品牌，大明遗风至今留存。但自开发伊始，旅游业发展始终缓慢，情况在2001年开始转变，当地社区居民和贵阳风情旅行社负责人共同出资筹建“天龙旅游开发投资经营有限责任公司”。该公司取得当地政府授权经营50年。政府、公司、社区组织各司其职，政府主要负责基础设施建设，公司负责旅游资源开发及实务运作，社区组织（村委会）和居民负责提供配套服务与文娱表演。2011年1～5月该旅游区接待海内外旅游者85 318人次，旅游收入1 557万元，与上年同期相比分别增长130%和168%。

（三）社区管理模式

目前旅游领域对利益相关者的研究主要包括两大类：利益相关者管理理论与管理方法研究、利益相关者理论在旅游规划与目的地（或旅游企业）管理中的运用、利益相关者理论在旅游规划与目的地管理中的应用效果评价。1979年Rosenow在其著作《Tourism：The Good，The Bad and The Ugly》中强调旅游目的地发展和管理中需要“公众参与”。此后，Freeman、Butler、Murphy等学者的研究主要集中于旅游目的地或旅游社区利益相关者协作与管理、旅游规划和旅游可持续发展等主题。2003年，北卡罗来纳州立大学Erick. T. Byrd博士研究了在社区旅游发展中，利益相关者对旅游的参与程度、“支持”和“反对”的态度对社区旅游发展的影响。2002年弗吉尼亚理工学院 Yooshik Y oon 在其博士论文中指出："利益相关者的支持是旅游成功运作、持续发展的必要条件。"目前，国内学者对旅游领域的利益相关者研究暂停留于理论引入阶段，保继刚和吴必虎等少数学者将利益相关者理论应用于旅游规划当中。鉴于此，社区管理模式是以当地社区组织为主导，旅游企业（旅游投资者）和当地居民联合共管的模式。

1. 社区管理模式的角色定位。

（1）社区居民。社区居民参与旅游业的主要体现在于参与旅游管理决策和利益分配两个方面，追求经济利益和社会需求的双重满足。一方面，在以正当途径和渠道获取经济利益的社会背景下，村委会通过为旅游者提供初级旅游消费品及各种原材料、承包或开办家庭旅馆等旅游企业，从而实现提高收入水平、增加就业机会的目的。另一方面，随着旅游的深入和全面发展，社区居民通过参与旅游决策、监督和资源保护来自觉参与旅游的发展。

（2）社区组织。一般意义上，这里的社区组织具有双重身份：政府职能施行者与居民利益代表者，是旅游经营活动的管理者、组织者。要成为具有双重职能的社区组织，必须具备以下几个条件：

第一，具有至少乡镇或者同级政府职能，具有独立的财权和资源规划、开发、管理权；

第二，其辖区为旅游开发区，社区居民的主要收入来源于旅游业；

第三，有条件实施并完善基础设施建设。

一般来讲，这里的社区组织是地方经济利益的代言人，具有协调政府、企业、社区居民利益的功能。由于资源所在地社区居民与当地政府越来越强烈的旅游开发采取有效的管理机制来监管决策，社区管理模式也越来越受到关注。

2. 社区管理创新的原则。

（1）保护旅游产业集群所有者利益原则。中国的旅游产业集群是国家所有，也就是全民所有，全体人民都是旅游产业集群的所有者。旅游产业集群的所有权主体只有国家，地方政府代表国家行使旅游产业集群的所有权和管理权。因此，实际上以旅游产业集群为主的旅游产业集群的所有权和管理权是国家授权给中央人民政府，然后中央人民政府、地方人民政府、人民政府职能部门逐级授权管理相关方。但由于国有产权存在极大的外部性，旅游产业集群不能采取英、美公司治理模式，不能使景区经营者、政府代理人成为景区的实际控制者。在新的旅游产业集群管理模式中，集群管理者应能够对公司的经营决策活动施加影响。

（2）保护旅游产业集群相关利益主体权利原则。有效的内部控制应当能够维护所有利益相关者的合法权益，而不是维护某一类或少数利益相关者的权益。旅游产业集群实施市场化运作后，集群管理机构应该成为“社会人企业”，其目标不能只是一维的，不能只追求集群经营管理机构的资本收益最大化，应保护相关利益主体权利。这是旅游产业集群发展的一种社会责任。作为社会生活的一个重要组成部分，旅游产业集群管理方应主动承担社会责任，提高其对社会的回应能力和社会绩效，从而造就一个更加令人满意的社会。

（3）信息公开化原则。社区管理模式应当保证及时、准确地披露集群经营管理机构的财务状况、业绩、所有权和治理结构等重要事项。披露的实质信息应包括：经营管理机构的财务和经营状况、景区目标、主要的股权和投票权分布、董事会成员和高层管理人员及其薪酬、可预见的重要风险、与雇员及其他利益相关者有关的重大事项、治理结构和政策等。当法律和景区管理体系的实施为利益相关者提供了参与机会时，重要的是他们能得到履行他们责任所需要的信息。

（4）可持续发展原则。旅游产品并非一般商品，它具有社会公共产品的性质。旅游资源除用作旅游开发外，还与人们的日常生活和身体健康息息相关，其社会效益、环境效益要大于经济效益，不应盲目追求利润最大化，应追求成长的长期化，注重旅游资源的永续利用和旅游产业集群的可持续发展，将旅游活动的一部分收益回馈环境、补偿生态，使旅游活动与环境共生，使旅游者的进入成为当地生态良性循环的一环。

通常，社区管理模式对旅游企业的管理监控能力相对较弱，逐利的本性使企业管理模式相对忽视利益分配的均衡，特别是超过资源承载力的掘利式开发完全是由对管理主体决策监控不力造成的。高水平的监控能避免管理主体作出有损于社区利益的战略决策。社区组织由于具有较高的对管理主体的监控能力，因而其作出的战略决策就有可能使社区利益最大化。

阅读材料：

河南省信阳市鸡公山在成为农村改革发展综合试验区后，依托旅游资源优势，不断推进产业集聚。在这一过程中，鸡公山管理区党组织的管理重点主要表现在：第一，抓好旅游产业集群基础建设。积极开发旅游景点、建设旅游线路，实现点、线、面立体开发，即以点串线，由线扩面，梯度推进，全面铺开。重点运作107国道旅游产业集群，以改造现有路边饭店为重心，大力发展农家乐建设，以发展朝天河旅游为方向，整山治水，打造山水田园、人文体验农家游品牌。第二，培育两条旅游产业带：东部以灵山景区为重点，以鸡灵公路为轴，与高峰寺、灵化寺、古茶溪联合开发，打造宗教文化、观光农业旅游产业带；西部以桃花寨、龙袍山为重点，以新谭公路为轴线，与龙华寺、万亩茶园联合开发，打造休闲度假、人文体验的旅游产业带。第三，加快卫星小城镇建设。结合实际，按照土地流转，宅基地置换和以奖代补的方式，加快综合旅游卫星镇建设。高标准规划、大手笔建设3平方公里的山下风情小镇，实施高档康体运动场、国际会议中心、购物中心、游客服务中心等一大批旅游服务设施项目，把山下小镇建设成为集政治、经济、文化、商贸、旅游、娱乐为一体的旅游服务核心区，通过山上与山下的互动发展，拉动辖区经济的全面发展①。

3. 社区管理模式的优势。

（1）有利于旅游产业集群内部制衡的实现。就目前来看，许多旅游产业集群的控制权基本掌握在职业经理人员手中，在股东与经理人员之间形

① “依托旅游资源优势 推进产业集聚——访鸡公山管理区党委书记黄真伟”，《信阳日报》，http://www.xyby.com.cn/news/info.asp? ID=26594。

成了一种委托—代理关系。经理人员所追求的目标和景区利益最大化存在的偏差，会促使其利用“内部人”的地位，滥用手中职权，损害股东利益。这样，就必须建立一种机制对经理人员进行有效监督和制衡，以确保他们能够按照景区利益最大化的方式行事。社区管理模式能利用利益相关者之间的相互制衡关系，有效监督和制衡经理人员，降低“代理成本”。

（2）有利于对各利益相关者的利益形成有效保护。一般而言，利益相关者尤其是间接利益相关者在集群经营管理中处于“外部人”地位，他们的利益往往会受到经理人员和大股东的损害，这显然不利于集群的长远发展。从理论上说，如果集群管理能够充分保证利益相关者的利益，会减少利益相关者面临的风险，从而鼓励其进行专用性的投资，这对集群发展而言是极为有利的。因此，利益相关者共同治理的经济型治理模式可以减少市场的不确定性，使交易双方都能够为了共同的目标努力，最终保证旅游产业集群的可持续发展。

（3）有利于旅游产业集群社会责任的实现。旅游产业集群管理方承担社会责任可能在短期内会减少集群经营管理机构的利润，但良好的社区环境、生态环境、社会环境对集群可持续发展至关重要，一旦忽视社会责任会给景区带来不可估量的损失。因此，景区经营管理机构应积极创造条件，让利益相关者参与旅游产业集群的治理，并更多地考虑旅游者、旅行社、社区、社会团体等的利益，为旅游产业集群的发展营造一个稳定的发展环境和良好的发展空间。

4. 社区管理模式的重点。社区组织的投资规模使他们有动机规范和管理那些效率低下或者忽视社区利益的旅游企业，并且通过显著的导向影响旅游企业的战略选择和决策。一般来讲，社区组织关注旅游企业业绩和其社会责任的承担，并将淘汰其中的劣者。同时也要注意到，社区组织主导开发对管理主体的能力要求很高。

（1）保证社区居民的主人翁地位的有效体现。社区居民始终是旅游资源的拥有者和旅游服务的提供者，可以以多种方式参与旅游经营。只有社区的利益得到了根本保障，旅游产业集群才有可能保持良性发展的轨道。

在此，尤其要重视经济利益诉求，追求旅游的正效应，如增加居民收入、为剩余劳动力提供就业机会、提高居民生活质量等。而对于旅游所带来的或潜在的负面影响，如文化传统丧失、通货膨胀、土地价格上升、环境破坏等决不能忽略。

大多情况下，社区居民是一种被动的参与。在旅游参与过程中，大多数居民是处于被决定、被包装、被表达、被展示的状态，很多时候甚至是被忽略、甚至处于失语状态。在事前、事中和事后没有有发言权、选择权和控制权，常常没有权力说“不”。但处于被动地位社区的强烈抗争，往往导致相对强势的政府和企业一并陷入被动境地。强势主体往往主观认为社区是可以任意被决定的。在强势群体的认识中，认为社区居民是软弱无力的，是可以任意被决定的。社区在整个旅游发展过程中都处于一种弱势群体的地位，无法直接影响旅游的发展方向。但事实上，在中国，民间组织、旅游发展阶段等一些深层因素无法赶上西方，在这样的情况下，理性的决策、规范的管理和注重民意变得至关重要。

社区管理模式要实施相对均衡的利益共享措施，让社区居民真正参与旅游决策、管理、利益分配各个环节。社区管理模式的各项管理制度是“自下而上”建构起来的。在制度层面上确立社区居民的权力，可以通过一系列法律规制进行制度性增权，真正凸显社区在旅游发展中的主体地位。

（2）发挥利益相关者各自优势。社区管理模式强调用联系、发展变化和对立统一的观点看待事物和处理问题。社区管理要针对资源禀赋和多样化的独特性展开，包括定位、规划、客户满意度和当地居民满意度等等。但是，社区组织与社区居民由于知识结构有限，往往关注的是短期利益与当前利益，对长远发展关心力度不足。要处理好这个问题，旅游组织的力量不可忽视。旅游组织可以为社区组织提供政策导向，为旅游企业提供业务咨询，对社区居民提供专业培训，将旅游专业组织引入管理之中，对旅游产业集群的积极作用不可小视。

社区管理模式中，其主要利益相关者为政府及各级管理部门、旅游公司或企业、乡村旅游协会、旅行社、社区居民等。政府拥有其他利益相关者没有的权力，如对公共旅游资源的调配权、政策的制定权，以及对其他利益相关者的管理和监督权。所以，政府发挥着宏观调控、管理和协调的功能。旅游公司或企业通过资金、管理和技术等方面的优势，从事经营管理活动，以获取经济效益。旅游企业的行为对自然和文化资源的保护承担直接责任，要求他们在取得经济效益的同时也要注重环境效益和社会效益，应关注其他利益相关者的要求，形成良好的互动关系，共同获得利益，保护环境，实现可持续发展。旅游协会是社区居民自发形成的组织，具有自律性、权威性和影响力，不仅使社区居民利益得到保障，而且积极规范着社区居民经营行为，在模式中发挥着营销宣传、培训引导和监督管理的作用。旅行社在产业组织中处于中枢地位，是旅游产品和服务与旅游者和其他相关部门联系在一起的纽带，是重要的销售渠道。社区居民本身就是集群的一部分，他们拥有本土化的旅游消费品、食宿条件、旅游体验内容和场地等。

六、总　结

在管委会、公司和社区管理模式中，管委会的作用主要表现在旅游资源的统一规划、旅游政策导向和社区基础设施的建设之上；公司的主导作用主要表现在旅游产品的开发、旅游市场的拓展和推动旅游社区经济发展之上；社区组织的主导作用则表现社区利益的维护之上。这种差异性决定了旅游产业集群管理过程中对上述三种模式的选择（见表6－1）。

表 6－1　　　　不同管理主体的旅游产业集群的差异

	管委会管理模式	公司管理模式	社区管理模式
管理者	政府相关部门	旅游企业或者代理人	政府相关部门
愿景	社会、经济、生态的可持续发展	利益最大化	社区利益最大化
工作内容	品牌建设、基础设施完善、服务、监管	品牌建设、基础设施完善、服务、监管、市场实务活动	品牌建设、基础设施完善、服务、监管
对企业的约束力	弱	强	弱
投资类型	政绩工程	短	社区发展
政策稳定性	强	弱	强
投资风险	小	大	小
管理效率	一般	高	较好

旅游产业集群管理模式的形成与发展，在很大程度上还不能脱离政府的引导和组织协调，还需要各级政府发挥作用。如成立负责集群发展的专门机构，对涉及政策制定和管理权限、宣传等问题进行协调和处理；充分发挥政府引导和服务作用，提供培训、金融、信息等方面支撑。

（一）发挥政府优势，有效保护资源环境

政府在规划、管理和资源环境保护方面的缺失，是导致目前各地资源环境逐步恶化的直接原因。资源环境具有不可再生性，一旦遭到破坏不可恢复。因此，为更好地保护我们现有的资源环境，政府应发挥职能优势，制定有关政策法规，强制实施生态功能分区，以利于保护现有资源。生态功能分区的主要目的是避免旅游活动对自然环境造成破坏。通过对游客的分流，使旅游资源得以合理配置和优化利用。同时，政府还需要进一步做好引导工作，提高社会、社区、居民对旅游与环境保护之间关系的认识，树立环境保护意识，发挥他们的监督作用，形成多元环保责任制度，避免“先污染、后管理”的情况发生，有效保护资源环境，促进集群的可持续发展。

（二）发挥政府优势，做好营销策划与宣传

“品牌化”是产业升级和可持续发展的重要环节，品牌的打造还需要政府发挥主导作用。在集群发展过程中，社区居民或单个企业是无力或不愿意承担“品牌”打造这类外溢效应明显的活动的。政府应该承担起旅游目的地的形象策划和营销任务，促进乡村旅游的可持续发展。政府可以通过与网络、旅游产业集群、当地旅行社、有影响力的媒体以及专业院校的合作完成形象策划和营销宣传活动，促进旅游开放化，实现资源与客源的共享，打造旅游品牌，促进可持续发展。

（三）发挥政府优势，完善行业管理和监督体系

行业管理和监督体系的完善，首先要理顺政府各部门之间的关系，明确各方职责，做好分工和定位。其次，从政策入手，做好规范。如：申报环节，应随着旅游业的发展，逐步提高进入的门槛，提升乡村旅游专业村和专业户标准；审批环节，应严格把关，落到实处；经营环节，做好卫生安全、服务等监管工作，规范管理；培训环节，做到系统化和长期化，不断提高管理和服务水平，促进乡村旅游健康发展。

综上所述，随着旅游产业集群的发展，政府应不断调整其角色和定位，与时俱进，实现职能转换；同时还应不断借鉴先进模式，创新发展理念，促进各利益相关的最佳合作，有效推进模式的升级。

Chapter 7

第七章 旅游产业集群的政策体系

旅游产业集群发展是旅游产业发展到一定阶段的产物。国内外发展的实践表明，旅游产业集群发展是产业结构调整的新契机，是产业结构优化的新支撑，是区域经济发展的新动力。在我国各地推进资源型城市转型、实现发展方式转变过程中，旅游产业被放在突出位置，推动旅游产业的集群发展成为重中之重。

旅游产业的集群发展是在充分利用国家各项支持政策的前提下，依靠各级政府的组织领导，通过构建灵活高效的组织保障体系、科学合理的制度保障体系以及健全周到的服务保障体系实现的。在旅游产业集群的实践中，只有充分发挥政府的引导、协调功能，调动企业和各类人才积极参与，才能形成大力发展循环经济的强大合力，确保各项目标任务的顺利实施。

产业集群对外界的吸引力取决于其环境，如生活物质环境等硬环境建设。政府应对园区的水电气热、住房、交通运输等基础建设项目进行投资以刺激当地的需求。在营造政策软环境方面，可以通过制订税收、金融、土地、规划、人才等方面的优惠政策，更好地吸引国内外的资金、技术人才，推动开发区的发展；在建设驱动开发区的研究机构上，政府可以通过加强企业与科研教育机构的合作形成发展后劲。

从国内外旅游产业集群发展的实践看，旅游产业集群的可持续发展要以有效统筹、保障发展与保护旅游资源为指导，以加快旅游资源利用方式转变、经济结构调整为根本目的，以保障经济社会平稳健康发展为终极目标。同时，在发展中要注意明确土地调节保障、监测预警和问责制度的落实，综合监管平台的构建以及服务保障体系的完善。

一、旅游产业集群政策的内涵

（一）产业集群政策的内涵

1. 政策性因素对产业集群政策的分析。对于政府而言，产业集群政策不是一个全新的政策工具。事实上，集群政策是传统产业政策工具的集合体。其之所以被称为“集群政策”，是因为这一政策体系能够帮助形成集群收益（Anderson，2004）。其主要特点有三个：（1）政府政策不是决定集群发展的唯一主导力量。政府作为集群的参与方之一，通过适当的政策措施，使在市场机制作用下形成的集群产出价值得到增加。（2）集群政策一定是具体的、特殊的，具有明确针对性，与区域基本社会经济条件的变化有内在联系。一般性的集群政策仅具理论意义。（3）对集群收益的预期和外在冲击的作用是集群政策出台的主要原因。

关于政策对产业集群的影响问题，一直存在较多的争论。一个著名的观点就是迈克尔·波特（Porter，1998）关于政府与产业之间关系的阐述。他从钻石模型出发，围绕国家竞争优势的形成问题，从四个方面阐述了政策性因素对产业的作用。第一，他强调了政策性因素对产业发展所具有的不可替代的重要意义。第二，他认为，政策性因素对包括关键性资源、企业和市场等多方面因素的影响机制是非常复杂的，其效果既有正面的，也有负面的；反过来，产业发展的状态也会影响政府的政策取向。因此，政府相关产业政策的出台，必须符合产业发展的实际，同时又要有一定的前瞻性，从而保证产业的健康发展。第三，政府的产业政策并不是产业发展的唯一决定性力量。如果没有资源、市场和技术等关键性因素的支持，政策就没有恰当的着力点。第四，在产业的不同发展阶段，政府政策的作用点、作用力度都是不同的，政府政策对产业发展必须有一个清晰、正确的判断，并以此作为政策决策的前提。波特为集群政策研究指明了发展方向和大致的研究领域：（1）政府在集群发展各个阶段的主要任务界定；（2）政府集群政策的主要组合；（3）政府集群政策制定的基本原则、集群识别、依据、主要作用对象及其具体措施；（4）政府集群政策与产业本身的内在互动关系；（5）政府集群政策的主要作用机制及其绩效评估。

近 10 年的研究和集群发展实践表明，尽管在集群不同的发展阶段，政府政策的作用方式、力度、目标和具体措施有所不同，但政府在集群发展的过程中所扮演的角色是不容忽视的。尤其是地方政府，它由于在地方制度演进中扮演重要的角色，对于集群发展的促进作用更为突出（王缉慈，2001；吴德进，2006）。这一点，在我国沿海地区“块状经济”和产业集群的发展进程中可以得到充分的证明。可以从长期和短期两个方面来概括政府政策对集群的影响：从短期来看，政府的促进政策对集群有直接的积极作用，主要表现在集群形成和规模壮大、内部创新网络培育等方面；从长期来看，政府政策的作用是间接的（刘芹、樊重俊，2008）。企业应当是集群发展的主体，政府作为集群的参与方之一，通过政策手段来引导集群的健康发展。然而，这种认识在研究层面上还仅仅停留在概念层次，缺乏有效的数据分析支持。其原因在于传统的经济发展评价指标，如经济规模的扩张、工作机会的创造、税收的增加等，无法对集群政策的实施结果进行评价和分析，而新的集群政策评价指标还没有形成一个普遍接受的体系。同时，在集群研究的观念层次上，也存在着对集群政策的负面评价。第一，集群及其成长是一个企业主导的过程，如果在这一过程中过分强调政府政策的主导性，则无异于越俎代庖，不仅对集群的长期健康发展不利，也使得政府过多过深地参与到集群运行的具体经济事务中去，难以自拔。第二，集群政策在其应用的过程中，更多的适用对象是中小企业，集群政策也更多地以加强中小企业之间的协作和联系为目标（孟卫兵，2007）。这与我国部分地区，尤其是西部地区现实经济生活中大型跨国企业占据主导位置的情况显然不同。作用目标与现实的差异必然会使集群政策的作用效果大打折扣。第三，集群政策所促进的企业集聚壮大和企业间联系、协作的加强，具有很大的局限性。它必须以一定规模的企业集聚为前提，同时要考虑集群内部各个生产环节的均衡发展，还必须对特定产业的技术变革具有一定的认知。因此，在这些条件约束下形成的集群政策，必然具有较为严格的适用范围，任意将其套用到具体的产业集群发展过程中，未必会产生预期的效果。所有这些负面评价对于我们结合区域经济发展实际、深入认识政策对集群发展的影响是一种提醒和帮助。

2. 产业集群促进政策的基本原则。产业集群促进政策的基本原则可以从三个方面加以论述。第一，从目的上看，产业集群促进政策必须追求的一般性原则。第二，从集群发展阶段上看，产业集群促进政策必须考虑的阶段性政策功能设定原则。第三，从政策的形成过程上看，产业集群促进政策必须遵循的基本原则。

（1）一般性原则。首先，从政策作用的效果上看，集群促进政策的关键问题在于，政府作为集群的参与者之一，是否能、怎样能通过适当的政策措施，使在市场机制作用下形成的产出价值得到增加。由此可以得到集群促进政策实施绩效的基本评价原则。政策的合理性在于，在一定的时间段内，由促进政策推动的集群发展所创造的经济价值，必须比没有促进政策因素作用的其他方式（包括市场自我进化方式在内的所有其他方式）所创造的经济价值要大。其次，从集群促进政策的政策指向目标上看，集群促进政策就是要解决集群发展过程中没有明确市场主体作用的领域或者有市场主体作用但作用无效率的领域中出现的问题。从经济理论上看，主要包括三个方面（Anderson，2004），即应对市场失灵（Market Failure）、政府失灵（Government Failure）、系统失灵（System Failure）。

（2）阶段性政策功能设定原则。政府在集群发展的各个阶段上，其作用目的是不一样的，结合各个阶段集群发展的关键性制约因素、集群促进政策功能设定的具体原则也有所差异。在集群的形成阶段，调整是主题。产业集群作为一种新的产业组织形态，其形成和发展必然要求物质生产要素重新配置。只有通过物质生产要素的重新配置，才能为集群发展创造必要的基础，进而知识和信息才能作为集群发展的必然成果为集群生产出来，成为集群发展成熟的高级生产要素。可以说，在集群发展的初始阶段，只要抓住了生产要素调整这个环节，集群的成功就有了必要的保证。在发展阶段，扩张是目的。扩张有三层含义：一是企业集聚规模不断扩大；二是企业通过追加投资合并或重组，企业规模也不断扩大；三是集群内部企业之间内部联系紧密程度的加强。这一过程同样也需要政府的积极参与，通过恰当的政策措施，激励企业增加投资，促进产业整合和分工深化。在成熟阶段，创新是关键。这一阶段与前两个阶段相比，政府政策的目标需要有一个较大的调整。从前两个阶段的重规模、重数量转变为重创新、重质量，集群内部网络化创新体系、企业与研究机构之间的联系、以创新为基础的集群整体竞争优势的培育成为集群促进政策的核心内容。在衰退或转型阶段，变革是希望。随着市场条件的变化或者技术剧烈变革的出现，成熟的集群也会面临失去市场的危机和变革的压力。面对这种局面，或者是通过价值链的重整，或者是新的集群的衍生，成熟的集群可以在原有基础上发展出新的符合市场要求、具有竞争优势的新集群。在这一阶段中，政府也是有所作为的。通过政策激励，支持企业针对市场需求和技术变革潮流进行技术创新和组织变革，是这一阶段政府政策的主题。

由上可知，在集群发展的各个阶段，政府政策作用的目标和重点是有所差异的。在不同阶段上，对某一目标的强调并不意味着政府地位的绝对权威性或者其他目标不重要。需要说明的是，如果对特定集群的发展阶段判断错误，就很有可能采取错误的政策措施，结果一方面可能表现为政策无效，另一方面则很可能导致集群发展的停滞甚至倒退。因此，对集群的识别和发展阶段的判断，是集群促进政策至关重要的基础。

3. 政策形成的基本原则。集群政策的形成是一个动态的过程，先后必须经历集群识别、政策目标确定、政策措施选择、政策实施及评价、集群发展阶段判断等阶段。在这一过程中，有必要确定一些基本原则，以确保整个过程中各种政策措施的协调性以及政策与集群发展的相互配合问题。

集群识别是政府开始考虑集群政策的起始阶段。识别阶段必须注意遵循的基本原则有四个。（1）识别技术的恰当运用，不能仅仅依据单一方法或指标来识别集群。（2）不能脱离本地产业发展实际来认定集群。（3）不能以非经济因素（如行政区划）作为识别集群的基本依据。（4）集群识别不是日后集群发展的保证，识别的目的只是在众多的产业中找出适合采用集群方式进行发展的产业。具体日后被选的产业最终是否能发展成为成功的集群，绝对不唯一地取决于政策因素。因此，集群识别只是集群政策作用范围和目标确定的前提。

政策作用目标的确定是政府在制定集群政策时首先要确定的内容。在集群政策目标的确定过程中，必须遵循以下基本原则：（1）按照集群发展阶段的不同，确定一个政策作用的主要目标，尽量避免同时存在三个或以上政策的主要作用目标。（2）政策目标必须要具体，不仅要考虑产业基础，更要考虑是否具有可操作性。（3）政策目标设定不能“越位”，更不能包办，政府政策作用的目标一定是企业无法行动的地方。（4）政策目标要具有公开性、非歧视性、可预期性和稳定性。在政策目标基本确定之后，选择恰当的政策措施就成为集群政策最终发挥其功能的关键。

确定政策措施组合有如下主要基本原则：（1）以间接手段为主，引导企业察觉改革和创新的机会，并且及早朝正确方向运用本身的资源条件。除非必要，直接手段的采用应被严格限制。（2）政策措施的非歧视性，应以产业为基本作用对象，对单一企业的政策措施不应倾斜。（3）围绕政策目标，重视政策措施之间的相互协调。（4）注重政策措施、政策资源与具体实施机构之间的对称性，考虑统一执行机构的可能性。（5）政策措施的市场化。这里包含两重含义：其一，政策措施的基本作用机制应当是市场机制；其二，政策措施的基本作用环节应该是产业运行所经历的基本市场环节。

（二）旅游产业集群政策的含义

Hospers 等（2002）认为，集群政策是指政府对某个特定区域旨在发展和支持集群的所有努力，是“异端”经济框架的一部分。因此，集群政策较难与区域经济发展政策系统剥离。波特认为，政府在集群政策方面充当着非常重要的作用。“欧洲集群论坛”认为集群政策不同于传统的产业政策。集群政策是包括所有基于一个特定集群参与者之间的信息分享政策。不仅包括为经济周期提供的最理想框架，还包括促进企业之间、组织与协会之间的相互作用，以实现学习和创新的过程。Martian Fromhold - Eisebith 等人（2005）指出，集群政策应该包括任何有利于集群协调发展的工具与手段，通过公共的或者私人的组织与机构，支持和培育产业集群，朝着理想化的方向发展，即成为专业化的、竞争性的和集体创新的集群。诸如此类的解释还有很多，这里不再一一赘述。总结之后，重点大多在于指出集群政策是由政府提供的，是为集群服务的各种政策和措施的总和。

从各方面的研究结果看，旅游产业集群政策就是由地方政府或者区域经济活动组织者制定、实施的，是基于旅游产业并适用于其他相关产业的，以解决政府失灵、市场失灵、提供公共产品和服务进而促进旅游产业集群发展为宗旨的，所有直接干预和间接诱导的经济政策的整合。

总体来讲，旅游产业集群政策应结合实际，在旅游规划的基础上，与土地利用总体规划和城市规划等衔接。例如，针对依托城市，由城市带动形成的集群而制定的政策，可将重点放在：第一，加强旅游贸易合作，有效吸引国内外优势资本转移集群之上；第二，推进产业向高端发展，扩大辐射范围，不断提升产业综合竞争力之上。针对依托核心景区景点形成的集群而制定的政策，可将重点放在主动接受消费趋向辐射、加快城镇化进程之上。

在进行产业集群规划时需要科学看待产业集群并合理设计产业政策框架。第一，集群政策是一个系统、整体的政策体系，这就要求集群政策设计必须进行整体性规划，根据集群现状和未来的发展战略目标设计出相应的政策措施。每一项政策措施都应该在集群政策系统框架的指导下发挥作用，应该能支持集群的整体发展。第二，集群政策应该是系统、灵活、可调节的，具有动态适应性，否则就不能适应集群的持续发展，出现政府干预过度或不足，最终导致集群政策失效。我们从其他产业集群演变的过程可以发现，集群政策正是根据其集群和政策环境的变化在不断调整的。不断克服原有政策的缺陷，直到发展成为现在的区域集群战略。不仅如此，对这种集群战略的评价也一直在进行中，根据实践中政策实施的效果来决定哪些战略继续实行下去，哪些需要调整。第三，集群不是由政府创造出来的，相应的集群政策制定必须以现有或新兴集群为条件。也就是要遵循“自下而上”的原则，要求集群政策制订机构首先要对集群进行分析和研究，掌握并遵循集群的内在发展规律。集群政策应定位于培育并优化这些规律。政府在集群形成过程中的作用是作为一种催化剂和中介人，提供沟通的渠道和支持的激励机制，将各主体集聚在一起，促进其合作和分工。第四，集群政策设计是集群中参与者（理论界、产业界和政府）互动的过程，政府是产业集群政策的最后发布者。实践也表明，政府广泛接受并扩大集群参与者的举措至关重要，其中，不同权力机关的水平合作、国家地区间的垂直合作对集群决策都是非常必要的。第五，集群政策设计的非拷贝原则。与集群各种特性息息相关的集群政策同样具有本地化特征，其个性化的内容、制订方式、实施过程与效果、政策环境条件等，使集群政策成为一种难以复制和嫁接的系统。集群政策的设计可以借鉴成功的政策经验，但不能照搬照抄，必须从本地集群的情况出发。第六，任何产业都有形成产业集群的潜力，不能歧视任何产业，产业集群不是高新技术产业的专利。第七，集群政策的设计和实施还应考虑更为宏观的政策环境的影响。在经济全球化的今天，在制定集群政策时，还应遵循地方化与全球化相结合的原则，并且能够合理利用全球化带来的机遇，拓宽地方化集群的发展道路，使其能够充分参与世界价值链专业化分工，从而建立全球交流的渠道。

（三）旅游产业集群政策的功能

旅游产业集群政策主要由政府推动，具有相对的灵活性和市场适应弹性。可以说，旅游产业集群政策是通过促进旅游产业健康发展进而实现宏观或区域经济目标。

1. 缓解政府失灵。集群政策的实施目标不仅是某一产业，更是集群所包含的网络价值链。由此，产业集群政策虽然强调政策手段，但与传统的政策工具有区别的。传统的政策工具建立在对以往的经验总结基础之上，为了维护权威性与稳定性，在施政时间上具有持续性，但是市场变化快于政府的反应，传统政策工具导致的政府失灵不可避免。

产业集群中的信息结构虽然不能实现完全对称，但是还是相对充分的。企业与相关机构空间上临近，时间上同步，专业化网络带来了信息的一体化，从而可以充分、自由地获取信息，为政策制定的有效性提供了保障。

2. 减缓市场失灵。公共产品、经济外部性和垄断导致了市场失灵，或者说信息的不对称和有限性导致市场失灵。由此，政策总是通过政策工具来纠正减缓市场失灵。旅游产业集群发展同样存在市场失灵问题，或许是由于信息流动的不完全性，或许是由于企业的短期行为，或许是大型企业垄断而成。当市场机制不能正常运行，甚至破坏产业集群的发展时，政策工具就必须发挥调节功能。

3. 协调利益关系网络。旅游产业集群是介于市场和旅游产业之间的中间系统，是由企业、相关部门、社区组织、社区居民、第三方机构相互交织形成的利益关系网络。在其运行过程中，既要遵循市场原则，又要有一定的组织制度。当组织制度或者管理模式存在缺陷时，集群发展就会出现系统失灵的问题。特别是在企业管理模式中，利益冲突的结果可能引起中小企业或者社区组织、社区居民的退出，导致集群发展衰落。

4. 提供公共产品。弗里德曼指出："公共产品一旦被生产出来，生产者就无法决定谁能得到它。"由此可以发现，公共产品具有非竞争性和非排他性的特质。这种特质使市场经济中追求利益最大化的生产者不会主动提供，也不可能通过市场机制来实现基础配置。公共产品的配置只能由政府完成或者在政府参与下进行。

无论是何类型的产业集群，公共产品都是区域集群的物质承载者，是控制集群规模的基础因素。公共基础设施与公共服务越完善，程度越高，集群能力就越强。

此外，集群政策还有完善市场环境、优化市场结构、提升基础设施的积极作用。

（四）旅游产业集群政策的分类

对旅游产业集群政策的分类目前还没有统一的标准，本章内容仅提供参考。

1. 功能分类。利益关系网络是旅游产业集群发展的重要特征，是集群竞争优势的来源。旅游产业集群政策的第一功能分类即为促进利益关系网络形成与发展。主要表现在以下两方面：第一，培育特色、龙头旅游企业。旅游企业是产业集群发展的主导力量。吸引、刺激具有核心竞争优势的旅游企业进入集群，为其进入清除障碍，促进集群内旅游企业的规模扩张就成为制定集群政策的基础内容之一。第二，提供公共服务平台。旅游产业集群的发展需要公共服务平台，用以沟通旅游企业、政府、社区组织、社区居民、第三方组织等各个利益关系群体。优质的公共服务平台不仅可以增加优势个体进入集群的积极性，为技术的创新与扩散提供可能性，还可以为集群的发展提供支撑，强化技术溢出和竞争机制。

第二功能分类为提升集群内人力资本水平。由于利益关系网络中的信息交流自由且较充分，人员流动频繁以及企业间存在合作与竞争的关系，创新在旅游产业集群内异常活跃。尤其是在旅游商品研发为主的集群内，既有最新的旅游技术的创新源，又有旅游技术的扩散平台，创新成为集群内的主题。因此，旅游产业集群政策可在促进创新企业的入驻、高新技术人才的引入以及创新产品的生产链、销售链给予优惠政策。通过人力资本政策与集群政策的有机结合，可提升集群内的管理能力、经营能力、学习能力等。

2. 软硬分类。Martian Fromhold – Eisebith 等人（2005）认为，产业的集群政策有“软硬”之分。硬政策主要指财政和税收政策；软政策主要是指服务策略、招商策略等。在综合刘恒江、陈继祥以及不同学者对集群政策研究成果的基础上，将旅游集群政策中的软政策进行如表 7 – 1 划分：

表 7 – 1　旅游产业集群软政策分类

类别	施政要点
扶持	提供投融资、咨询服务，人才培训等
吸引	鼓励区外的人才、资本、技术良性流入
服务	构建各种服务机构与平台
导向	信息的收集、存储、流通和交易
协助	鼓励企业协作，结成利益关系网络

二、国内外产业集群政策的经验

自 20 世纪 90 年代以来，产业集群的概念备受关注，甚至被认为是国家竞争优势的源泉。西方经济理论与产业实践证明，成功的产业集群往往是市场驱动和政策激励的结果。目前，产业集群作为新型产业政策框架的理论基础，已经成为欧美国家制定新的政策战略的焦点。

（一）产业集群政策的研究综述

波特（1990）在其国家竞争优势理论中的研究框架敞开了政府参与经

济活动的大门。波特认为，在集群发展中，政府扮演的一个基本角色，就是制度供给主体，通过集群政策的制定，贯彻集群导向，引导企业空间集聚，鼓励竞争与创新，通过吸引外资促成集群成长，强化集群的发展与升级。Langendijk 认为，政府应根据集群的不同发展模式选择相应的政策。在“自上而下”（Top - down）模式下，政府可以根据地方特点或宏观政策上的需要，引导该地区形成一种特定的产业。而在“自下而上”（Bottom - up）模式下地区政府部门只需担负服务性的职能并提供基础环境上的支持，组织和指导集群政策的设计工作。“自下而上”的模式已经成为北欧国家区域发展的最重要的理念，而北欧国家也是欧盟区域政策采取这一模式的前沿阵地（Aalbu et al.，1999）。Aalbu（1999）因而根据政策和政策工具对北欧国家商业政策趋势进行了详尽的阐述。Robellotti 等人在对众多地区集群政策的研究后认为，政府对集群发展的作用至少可以体现在四个方面：为市场功能的发挥创造有利的结构条件；解决 R&D 投资以及知识创造的外在性；在某些市场中扮演重要的角色；消除创新过程中的系统缺陷，提高创新系统的效率等。

从 1999 年开始，欧美很多国家开始实行集群战略（Cluster Initiative，CI，或译为“集群动议”），美国竞争力研究所和瑞典创新系统机构联合，在 2003 年发表了“The Cluster Initiative Green Book”，基于 2003 年对欧美和澳洲发达国家以及转型国家斯洛文尼亚的 250 个 CI 和一些集群实例调研的基础上，用详尽的资料对所谓“集群动议绩效模式”（Cluster Initiative Performance Model）进行了详细论证，并将集群战略定义为用组织的方法将区域内的企业、政府和研究共同体结合成伙伴，共同促进集群的发展。之后，知识经济和企业发展国际组织（International Organization for Knowledge Economy and Enterprise Development）于 2004 年也发表了“The Cluster Policies White Book”，其焦点就是集群政策的研究。其中，特别阐述了政策制定者是否、何时和怎样强化集群的发展和升级；并且将集群置于竞争力和创新的背景下，通过对贯穿整个集群生命周期的集群不同参与者和竞争者的地位作用以及他们是怎样受到特定环境影响进行考察，从而为集群研究做出了贡献。

OECD 对集群政策的研究基于国家创新系统的研究之上。OECD 对国家创新系统的研究分为两个阶段，产业集群作为其第二阶段的研究主题之一，其研究范围包括：集群的界定、集群的创新方式、创新风格、相同的群在不同国家的绩效研究及差异分析、产业集群的政策意义及产业集群政策设计的原则。OECD 还对以下国家产业集群进行了实证分析：丹麦、芬兰、瑞典、比利时、美国、英国和荷兰，并在此基础上提出了集群的一些有待深化的问题。

Tillman. Altenburg（1999）通过比较分析拉丁美洲三个地区的产业集群政策案例发现，在拉丁美洲，不同区域的产业集群政策有着巨大差异，而且也不同于与欧洲、北美国家所讨论产业集群政策模型。这三个地区，有着各自不同的起源、公司构成、组织原则和发展困境。每个地区发展产业集群都有各自量身定制的政策取向。但是，有的地区由于存在对本区域发展潜力不切实际的假设，忽视指导企业决策的具体逻辑，低估区域社会文化环境的惯性，导致了集群政策的失败。Tillman. Altenburg 的研究认为，产业集群政策重在培育一个具有激励、支持学习、革新与产业升级的经济发展环境。

Even. Peters and Neil. Hood（2000）以苏格兰的产业集群政策为例，从理论和经验两个层而解释了产业集群政策的选择、特征和评估。此研究通过比较苏格兰半导体产业和软件产业的集群政策指出，如果不经过严格的因地制宜的分析，产业集群政策不仅不能促进经济发展，反而会产生不良后果。

Philip. Mines（2001）通过对欧洲 7 个地区的产业集群政策比较研究，解释了欧洲各国在不同的制度和战略环境下各自的产业集群政策的形成过程；考察了“集群”概念在不同地区的集群政策是如何被解释的；并从公共政策分析的三个维度（政策的战略框架、政策措施的内容、政策的供给）比较了 7 个地区的集群理念在政策制定的作用。此研究还发现，在这个地区，人们对经济现状和集群影响的关注点已经从“什么是集群发展最重要的影响因素转移到了集群在地区发展政策的核心地位”。

Edward. Fester（2002）讨论了集群概念给设计、推行改革政策带来的问题。通过比较拉丁美洲、美国和欧洲的集群理念在政策制定上的作用，Edward 发现，在政府官员及代理机构采取的名义上的集群改革扩散得太快，以至于无法产生一个政策应用的详尽清单，而且从总体上看，实际运行的集群政策的制定者们的理想规划有很大差别。他宣称，事实上，产业集群政策本身的作用是非常小的。集群理念至多只是给改革政策提供了两条原则性的指导。一是为激励和协调性的目标干预、投资规划提供一个战略性框架；一是加速推进经济改革。进而言之，发展中国家想通过产业集群政策来发展经济，成功的希望是很渺茫的。因此，Edward 建议发展中国家应该把集群看作是一个推行政策的灵活手段，而不是一个发展模式。

我国学者李小建等通过对产业集群发生机制的比较研究，指出我国不能因为产业集群的自组织性而忽视政府的作用。随着经济体制由计划转向市场，政府应在如下几个方面发挥作用：第一，创造有竞争力的区域环境，努力使其成为赢得第一个企业（先导企业）的区位；第二，对现有的产业集群要积极扶持；第三，重视发展中小企业；第四，营造区域的创新环境；第五，引导和培育企业联系的发展。邱成利（2001）剖析了制度创新影响产业集群的机制。该文运用新制度经济学的若干理论分析了国内的产业集群现象，并指出为了促进产业集群，必须加快有利于产业集群的正式制度和非正式制度创新，形成互补配套的制度结构，并注意弥补制度供给的不足。母爱英（2003）则把博弈论运用于区域经济政策的形成，为集群政策研究提供了一个可供借鉴的理论视角。

此外，在各地科技发展和区域创新体系建设过程中，也有了产业集群政策的出现，如广东省科技厅的“专业镇”创新计划、浙江省的特色工业园区计划等。但从总体上看，产业集群政策尚未引起政府的足够重视，国内学术界也没有为产业集群政策的制定和实施做好充分的理论准备。

随着产业集群在提升区域竞争力、促进区域经济发展重要性的增强，在传统区域政策、产业政策的基础上，综合产业集群理论、公共政策理论、系统创新理论，借鉴国外成功的产业集群政策的经验，开展产业集群政策研究，推进政府制定、实施产业集群政策，无论是对增强企业竞争力，还是提升区域经济发展速度，都具有十分重要的意义。

（二）欧盟产业集群政策的分析研究

欧盟的集群政策可以理解为一套广泛的、具体的政府政策干预，旨在加强现有集群或协助新集群的出现，包含了科技与创新、竞争、贸易等与集群运行相关的多个角度。欧盟委员会将集群政策分为三种类别，反映了不同的激励和政策目标。第一类是横向类别的便利协助政策，旨在为增长和创新营造良好的微观商业环境；第二类由传统框架政策构成，如产业政策、中小企业政策及创新政策，以及相关区域政策；第三类是发展政策，旨在创造、刺激和加强特殊集群类别来引发具体的集群启动。

针对集群的具体政策，可以根据不同的治理结构和它们的活动形式来理解。集群支持治理结构被定义成政策形成的程序中不同机构的责任分配。在最高层级，政府部级单位制定总体战略，通常确定预算和建立新的政府主体，在这个范畴内再根据清晰具体的规划概括出实施行动目标，行动规划包括具体的项目启动及工具。

欧盟产业集群政策从政策体系结构看，注重建立完备的政策体系。从战略方向设定、专家顾问支持、执行机构设置、资金支持、具体政策及启动项目的设定、执行、管理和评估，到理论研究和调查报告，欧盟的集群政策研究和管理涉及集群和集群政策发展的各个方面，构建了完善的政策体系。

从政策导向看，注重创新和竞争力培养。集群和集群政策作为一项政策工具，最终目标是加强欧盟国家的创新力和在国际市场的竞争力，这在欧盟的多个政策文件中均有体现，如在《欧洲集群备忘录》中就提到集群“是创新和繁荣的关键驱动力，帮助区域建立独特的、专业化的能力，以加强在全球经济中活跃的和有吸引力的角色”。事实上，很多集群政策是欧盟创新和提升竞争力政策的重要组成部分。

从政策内容看，注重跨国合作和中小企业发展。欧盟对成员国之间的合作十分重视，采取了很多方法来加强合作和消除合作的障碍。如欧洲优先创新启动（Pro Inno Europe Initiativc）资助下的Innet项目将14个国家和区域的创新公共伙伴主体组成财团来识别伙伴组织间的共同利益，通过联合政策行动来支持集群中的创新型中小企业的跨国合作。中小企业发展始终是欧盟的政策重点，在《迈向世界一流的欧盟集群》中明确提出为中小企业提供创新服务，在竞争力和创新计划（CIP）的框架下，支持开发更好的政策工具来促进创新集群中的中小企业参与；同时，敦促成员国通过落实小企业法为中小企业参与集群提供更好支持，争取在不同集群政策、计划和启动项目间获取协同互补效应。

从政策实施方法上看，注重实证分析、强调市场驱动及反馈评估。集群相关统计数据是政策分析和决策的基础，欧洲统计、欧洲集群观察及时代观察等启动项目做了许多基础工作。2007年欧盟委员会企业和产业总局发布报告对欧盟集群及政策进行了全面分析。尽管欧盟十分重视政策导向和影响，却始终把市场作用放在第一位，强调自下而上的方法。如在《欧洲集群备忘录中》就明确提出“只在需要的时候提供积极的政府集群计划”。欧盟不仅重视集群政策启动阶段的战略分析定位和执行阶段的监控，还定期对政策的执行效果进行评估以检视政策得失，在欧盟委员会的（2005—2009欧盟创新政策评估》中就对2005年项目的达成情况从目标、行动、影响和教训四个维度进行了全面评估。

（三）丹麦产业集群政策的分析研究

丹麦是采用集群概念较早的国家之一，也是产业集群政策实践的前驱，从20世纪90年代至今，其集群政策经历了一系列有意义的发展与演变，而从中总结的经验教训可以为我们更加合理地进行集群政策设计提供帮助与启示。

1. 丹麦集群政策的发展与演变。丹麦对集群的分析始于20世纪80年代早期，其集群规划的发展则开始于90年代。具体说来，从20世纪90年代至今，丹麦集群政策的发展和演变可分为以下四个阶段：

第一，20世纪90年代早期：丹麦政府采纳了集群概念。其对集群的分析和微观政策的制定实施都是在“大型集群”（Mega Cluster）的基础上进行的。丹麦大集群方法（Danish Mega Clusters Approach，DMC）对集群的定义很广泛，基本上覆盖了丹麦90%的私营部门。在丹麦，这类大型集群的例子有建筑、食品、医疗保健、信息通信等产业集群。DMC的研究对象是商业中的特定产业领域，目的是为了强化丹麦产业发展的结构体系。这一方法是建立在对丹麦经济的特定产业部门进行研究的基础之上的，而该研究又是特定集群中企业和组织机构之间对话的基础。将集群区分成不同产业范围的目的是为了抓住不同集群之间的重要区别，从而对每个集群提出有针对性的政策措施来改善集群发展的环境。

DMC计划建立在不同参与者（如中介组织、专家小组以及特定集群中企业代表组成的对话小组）之间对话的基础之上。每个集群都由丹麦工商业局（Danish Agency of Trade and Industry）进行详尽的分析，然后将对每个集群的分析通过对话与集群中的产业组织和企业进行讨论。这样做的结果是可以根据每个集群的优势合理制定直接的政策措施。对集群的分析和与集群组织之间的对话还有助于更好地理解丹麦私营部门中的商业环境，以及对这一环境进行系统的、由下至上的评估。

第二，20世纪90年代后期：在继续DMC计划的同时，其焦点直接指向“实际的”集群。这些集群是丹麦经济中现实存在的，而非人为的因素造成的，例如生物工程、铝加工和工业设计，并针对这些集群进行了大量的分析。尽管这些集群只是代表性地涉及了很小的一部分产业从而较少受到媒体关注，但是它们却在集中激励特殊的产业时具有很大的影响力。与此同时，在这一阶段，政府部门发现很难对集群进行选择、取舍，因而只能通过对某些产业给予更大支持的方式来进行。

第三，2000年：拟定促进区域战略（Reginal Initiatives）的计划。一种避免陷入进行集群选择的困境的方法是将其交由地方或区域战略去决定。在这一阶段实行的“区域经济增长环境”（Regional Growth Environments）计划尤为有效。该计划是由丹麦政府发起的，由丹麦科学技术与发展部（Ministry of Sciencc，Technology and Development）进行管理。其目标是在企业、科研与教育机构、知识传播者之间创建动态的合作伙伴关系。一个区域经济增长环境就是一种企业、研究教育机构、技术知识传播者以及其他相关参与者之间的合作机制。建立这种合作的基础是：在一个完整的地理区域具有一种或更多的专业能力。区域经济增长环境计划强化和发展了参与者之间的合作关系，有助于持续地运用技术、市场、发展、组织和学习方式等方面的新知识，使得这些知识成为区域产业发展的重要组成部分。它还有助于参与者之间进行长久的合作和知识的共享，从而使中小企业有机会直接或间接获取新的知识、学习形式和技术。此外，区域经济增长环境还包括了对知识的加工处理、调整以及根据企业需要进行再教育。因此，可以说该计划从本质上讲就是一种区域集群战略（CI）。

区域经济增长环境计划在一定期限内得到了丹麦科学技术与发展部的资助，资助的基础主要是区域参与者组成的协会。这些参与者包括学校、权力机构和企业等。协会被要求协同资助该计划的至少50%的资金，并且要求这些资金必须专门用于为实现计划目标而采取的行动上。在这一阶段，丹麦通过一系列促进区域内部合作的计划，使得自主权进一步转化为区域层面的决策权。这里最为典型的例子就是“日德兰半岛—菲英岛商业合作”（The Jutland－Funen Business Cooperation）计划。该计划的实施的目的是改善坐落于日德兰半岛和菲英岛有竞争力的产业集群的商业环境。这也是今后丹麦区域集群战略优先考虑的问题。通过该计划的实施，丹麦西半部的8个郡进行了合作，并且该计划受到国家津贴的资助。

第四，目前的状况：低国家优先权，高地方自治权。目前，丹麦政府在国家集群政策上作出了重大改变。从根本上讲，为了削减费用，所有国家层面的集群政策都已经结束了。然而，出乎意料的是，反而在区域层面出现了集群战略（CI）的空前增加。它们中有些是由上述几个阶段的国家战略促成的，然而另外一些更多的是由产业驱动的。当前的状况是，尽管丹麦国家层面的集群政策在官方意义上已经不存在了，但是比以前更多的而且正在进行中的区域层面的集群战略（CI）却更值得关注。它们中的大多数才刚刚兴起，其中某一些可能永远只能处于初级阶段，但是其中大部分的实践表明其实施的效果是非常不错的。其中丹麦厄勒的医药集群就是一个非常典型的案例。目前，这里已经在生物医学研究方面发展成为在欧洲仅次于伦敦和巴黎的欧洲三大生命科学中心之一。在“医药谷”，地方政府的作用集中于集群的品牌、市场销售、促进对内投资上。集群运作的要素条件通过在哥本哈根大学创立研发中心来得到改善，即创立专门的生物技术创新中心 Symbion 科技园。早期的资金通过贷款和风险资本来筹集，并且成立了一个中介组织 Medicon Valley Academy 来促进信息和知识的交流。

（四）日本产业集群政策的分析研究

近年，作为促进区域振兴的手段，产业集群引起广泛的注意。从 2003 年开始，以日本经济产业省为推动主体的“产业集群创世计划”在全国 19 个地区得以实施。例如，在东海地区进行的“东海制造业创新计划”与“东海生物科学创新计划”。此外，以日本文部省为主导的“知识集群创新事业”，在 2002 年也开始了实施。在东海地区，营建了滨松光电子产业集群与名古屋精密加工制造业产业集群。爱知县实施了“爱知县产业创新计划”，名古屋市也制定了“名古屋市产业振兴计划”。日本的产业集群战略是以通过产官学来创造新的产业集聚为目的，不仅与以往单是推动都市内的工厂向地方分散的区域政策完全不同，也与以往的产业集聚论有所差异。日本关于产业集群的众多研究中，大多是从经营学或中小企业论的角度进行分析。按照以往的惯例，它们是作为产业集聚研究在中小企业论及区域经济学框架下得以展开，特别是在中小企业论中，是从地方产业的视角来讨论的。在日本，存在着很多地方产业，例如岐阜县关市的刀具、濑户市的陶瓷器等。从 1990 年开始，这些地方产业引起了众多研究者的注意。其主要原因为经济环境与企业价值观的变化，即后工业化资本主义阶段的到来。在后工业化资本主义阶段下，利润的源泉是技术创新，运用其他企业不能模仿的技术来创造利润。经济环境在国际化与市场化的作用下也发生了巨大的变化，企业面对这种变化必须进行技术上的创新。因此，能够迅速并且圆滑应对这种变化的中小企业的优势被体现出来。

日本前期的区域产业政策有如下两个特征。第一，关于产业布局，采取了支持都市的工厂向地方分散的政策。在都市内设置研究开发机构与实验工厂，而把量产型工厂设置在地方。新产业都市、高新技术集聚都市、头脑立地法以及特定区域工业集聚振兴促进法等反映出了这种政策指向。第二，日本的地方产业多为单一型，且生产量产型产品的产业应对经济环境变化的能力较弱。因此，产业政策还主要体现在就业补助金与生产调整补助金的支付，以及对产业转换的财政支持等方面。但是，这些基本上是作为国家整体的产业政策来实施的，并不一定符合地方的实际情况。这种区域产业政策欠缺了对现实经济环境的适应性。

第一，如以往全国统一的工厂布局政策对企业并无任何吸引力。在激烈的国际竞争下，企业是以建立拥有高新技术的工厂为目标。为此，企业需要可利用的人才，以及拥有高生产率与高技术水平的相关产业在它的周围。因此，产业布局具有一定的局限性。

第二，地方产业也需要向创新型产业转变。对于地方传统产业并不能一味进行财政上的支持，而是需要生产出与其他地方完全不同的产品，突出其特色。

第三，由于在产业布局可能性大的区域更容易形产业集聚，因此，产业集群需要以该区域内布局潜力大的产业为中心来形成。

对于能够形成产业集群的区域，需要通过产业集群战略来推动其发展。山崎指出，为了使在地方布局的产业据点得到长期的发展及进化，今后的区域产业政策必须为其打下良好的基础。

日本经济产业省指出，产业集群计划是在日益加剧的区域产业空洞化以及技术创新主体发生转变的背景下制定的，并通过以下政策对区域内的新兴产业发展进行全面支援，以促进产业集群的形成：（1）区域内产学研网络的形成。（2）利用区域优势，促进技术开发。（3）企业孵化器机能的强化。（4）通过与商社等的协作，开拓市场。（5）与金融机构的协作。同时，也强调了地方自治体间的协作。

此外，日本文部科学省的《知识型产业集群计划》是推动以区域内大学及研究机构为中心，在创新型基础研究领域的产学研共同研究，以此来实现技术上的创新。这种政策虽然在目的性及政策制定上非常适当，但仍然未能明确地指出地方自治体的作用。由于各个地方的历史、文化及产业构造存在差异，因此并不适合实施统一的政策。这时，需要地方自治体与地方企业成为集群战略的主体，运用自己的力量来实现持续的发展与进化。为此，作为地方产业政策，仍需要注意以下几点：第一，地方工业需要提高生产率，强化竞争力。地方产业必须摆脱单一的、量产型产品，生产有特色、高品质的产品。为此，政府机构需要进行技术情报收集，为企业提供信息平台，并根据不同情况，对企业设备投资与研究开发提供补助金或给予减税。第二，广义上的人才培养。特别是能够带来外部需要以及进行企业间调整的组织者或协调者的培养。从大田区的案例可以看出，带来加工需要的组织者具有至关重要的作用。石仓指出，作为日本产业集群成功案例的 TAMA 集群也存在组织企业少的缺点。此外，企业还需要拥有熟练程度高、能够迅速吸收新技术的员工。因此，对员工的教育培训也非常关键。第三，在后工业化资本主义阶段，随着消费者需要变得更为敏感，必须建立起柔软的生产构造。后工业化资本主义使个人化、服务产业化得以进一步的发展。个人嗜好呈现出个性化及短期化的趋势。能够迅速应对个人服务的细化与个人嗜好变化的经营成为必然的发展方向。此外，服务产业的发展一般体现不出生产率的提高，因此，与之相比服务质量的提高更为至关重要。

（五）对我国产业集群发展的启示

1. 进一步理解和把握集群作为政策工具的运行规律。集群作为经济发展的工具，本质在于集群企业在其他集群参与者的共同作用下发挥由于集聚而产生的协同效应，这一点在欧盟已经得到广泛认同。在我国大部分地区，对集群和产业区的区别不甚了解，对于集群如何发挥作用促进经济发展、集群的功能运行机制等还缺乏深刻的理解和认识。集群政策作为一种技术工具，在制定过程中，理解技术扩散机制非常重要。因此，加强对集群政策工具的理解和认识，对于更好地发挥集群的作用非常重要。

2. 加强政策制定中的市场作用。目前的集群政策较多是“自上而下”的强制性培育政策，通常由政府主导。在我国目前的国情下，这种模式有其存在的合理性。但是对于市场经济发展程度较高的地区则要区别对待，如东部沿海地区，有许多自发形成的“自下而上”的产业集群。对于这类集群要更多地发挥市场作用，重点从培养竞争力和创新能力、创造良好的经济环境入手，引导支持这些集群向更高层次发展。

3. 不仅强调经济增长，更要重视能力提升。限于我国目前的政治和经济体制，各地方政府都有强烈的发展经济的冲动，在做大和做强的选择上往往更青睐于前者。欧盟集群政策更强调集群的能力，认为欧盟并不缺乏集群，而是缺乏有世界竞争力的集群，将集群政策的目标定位在创造更多世界级的集群。在全球化日益深化的今天，将我国集群放在全球价值链的视角中，积极培养具备国际竞争力和创新能力的集群有着深远的意义。

4. 完善信息统计系统。欧盟对自己的集群统计分析系统提出了更高的要求，而我国在这方面还很欠缺。在《中国产业集群发展报告》中使用聚集指数概念，从聚集度、出口率、创新率、利润率、增长率等六个维度对我国集群进行了识别分析。但是这种方法还没有被广泛接受，各地缺乏统一的识别标准。因此，应尽快加强统计标准和方法的规范化，建立全国共享的集群信息平台，为集群政策制定提供参考依据就显得十分迫切。

5. 发挥集群组织和集群启动的作用。相对于欧盟数量众多的启动项目和集群组织，我国目前还没有具备明确职能的集群启动项目和集群组织。应考虑将集群组织的功能从各工业园开发区管委会等机构中明确独立出来，使其真正承担起作为集群发展过程中加强各个参与者之间联系的中介组织者的角色，在组织结构形式上规范化，并给予经费支持，让集群组织在集群管理中更有效地发挥主导作用；从加强集群中企业联系、人力资源建设，到提高竞争力和创新力等各个维度出发，实施一批针对性强的集群启动项目以帮助集群发展壮大。

6. 对集群政策的实施效果进行评估和反馈。我国集群政策实施过程中，鲜见对政策实施效果的评估，即使有也是停留在形式上，没有真正落实实施。欧盟定期对政策的执行效果进行全面、细致评估的做法十分值得我国借鉴。因此，建立政策评估的常态机制，明确评估方法和反馈制度，为以后集群政策的制定提供决策参考就具有十分重要的意义。

三、旅游产业集群政策体系的架构

旅游产业的集群发展是一项重大任务。全国当前各类相关政策缺乏针对集群发展要求的灵活性。旅游产业的集群发展迫切需要补充和完善目前的各类政策，以保障集群功能的实现。旅游产业集群政策的制定，既要满足定位的需要，又要考虑实施过程中的可操作性和可调控性，需要在对原有政策补充和完善的基础上提出旅游产业集群政策的取向和重点。

旅游产业集群政策重点是产业结构升级、加强自主创新、资源节约利用、环境保护和深化改革开放。通过上述措施。通过制定产业、技术、行业、用地、能耗、环保等相关标准。逐步淘汰单位产值资源消耗多、环境污染大的项目。鼓励发展占地少、资源消耗少、环境破坏小、附加价值高、产业带动性强的项目。保持一定比例的长久绿地和水域。改善优化自然景观和环境承载能力。

（一）加强自主创新能力，完善投融资环境

要按照提高优化参与全球分工和竞争能力的要求。制定完善有利于自主创新的相关政策。加强集群的原始创新能力和集成创新能力。鼓励企业对引

进国外技术的消化吸收和再创新，引导外资企业研发目地化。要充分利用国外先进技术资源依托重点建设项目。加强重大技术创新和重大技术装备研制，加快国产化步伐，为经济发展提供重大装备和技术支撑。优化资源配置，加强对关键共性技术的研发投入，促进科技资源共享，为基础性创新研究与开发提供可靠的支撑条件。进一步加强知识产权法律法规和政策体系建设，完善知识产权保护行政执法程序，依法严厉打击侵犯知识产权的行为。大力发展专利、商标、版权转让与代理、无形资产评估等知识产权服务。为强化知识产权的保护创造前提和条件。

为满足产业集群和人口功能的需求创造良好的投资环境。创造良好的投资硬环境。发挥重点开发区域基础设施完备和生态环境良好的优势，采取措施在土地、能源、水资源、环境等要素等方面提供保障。同时，注意资源集约利用和生态环境保护。创造良好的投资软环境。加强统筹规划，提高政府有关部门的服务质量和效率，增加相关程序的透明度，鼓励公众参与。

（二）促进资源集约利用，严格环境保护标准

要根据优化开发区域土地、水资源、能源、原材料等资源的供给状况，制定促进资源集约利用的政策。优化集群的土地利用原则上不依赖于增量土地的扩张。要着重加强对存量土地的调性。对项目用地的投资强度、容积率和建筑系数、土地产出效益和用地结构等指标要提出高于全国平均水平的标准。健全水资源费和水污染处理费的价格形成机制。探索合理递增的阶梯水价。促进水资源的合理高效利用。鼓励循环用水。在满足国家规定的能耗降低标准的基础上可以探索更为严格的能耗标准，促进企业、建筑、消费节能降耗。延伸产业链条，提高产业的技术含量和产品附加值。

旅游产业集群是人口和产业集中的区域，环境问题尤为突出。要根据集群的自然环境和主要污染物来源状况制定更为严格的环境保护标准，促进其生态环境逐步改善。制定高于全国平均水平的污染物排放标准，从质和量综合的角度对污染物排放设定严格的标准。对污染排放多的项目实行惩罚性税

收制度安排与政策。对符合排污要求并能够实现排放物循环利用的项目，制定相应的奖励政策。率先在集群探索排污权交易。在污染物排放总量不超过允许排放量的前提下，集群内部以及与其他各功能区域之间通过货币交换的形式相互调剂排污量，从而达到减少排污量、保护环境的目的。

（三）积极推进基础设施建设，加快建立生态补偿机制

为满足产业集群和人口的需要，应根据发展需要积极推进重大交通干线、能源、供水、城市基础设施建设。加强基础设施建设的综合规划，继续以专项拨款和基础设施定额补贴，以及国家预算内投资和地方财政拨款等形式支持基础设施建设。扩大基础设施项目贷款贴息规模。鼓励国家政策性银行、保险公司和商业银行等金融机构给予基础设施和城市公用事业项目信贷支持。充分发挥资本市场的融资功能，通过股票、债券、基金等多种融资形式，将国内外各类资本引入重大基础设施和城市公用事业建设。放宽市场准入标准，鼓励多种所有制形式的经济实体参与基础设施建设。

根据集群生态服务的具体情况，建立以公共支付为主、包括多种支付方式在内的生态补偿机制。设立公共支付的生态效益补偿基金。参照由中央政府直接拨付的我国森林生态效益补偿基金，设立专门的生态效益补偿基金，由中央财政直接拨付，用于这些地区的生态修复和维护。制订受益者补偿政策。继续完善流域上下游之间、受益地区与保护地区之间、区域间的合作和以对口支援等形式进行的补偿。探索对于直接受益主体收取适当费用来充实相应生态补偿基金的做法，考虑采用从水资源费、水电费、旅游收入等渠道筹集受益者补偿资金。完善生态保护的税费制度。进一步把资源税征收范围扩大至土地、矿产、森林、雪原滩涂、地热、大气、水等资源的各个领域。促进资源级差地租和绝对地租纳入到税额中来。探索建立从价与从量、资源开发利用量和储量相结合的生态环境补偿费征收机制。

四、各地旅游产业集群政策的分析

在世界经济一体化的背景下，旅游产业逐步呈现出集群化发展的趋势。例如广东省的“南海西岸旅游产业园”，被誉为是“创新型”的产业形态，是旅游业集群发展的有效载体，是加快旅游业发展方式转变的最新产物和最新成果。目前，我国各地也初步显现出利用原有旅游资源，搭建公共服务平台，聚合各种旅游产业要素，形成具有核心竞争力和动态发展能力的旅游产业集群。

如果研读我国各地经济部门的施政方针，可以发现制定并实施旅游产业集群政策正成为显著的热点。突出表现为集群发展的政策“规格”不断提高。但是，与此同时，将旅游集群归类在服务业集群发展之中的问题也不容忽视。

表7－2　　各地旅游产业集群政策对比

地区	政策文件名称	目标	基本原则	政策措施
甘肃省	甘肃省“十二五”旅游业发展规划	构建优势区位的产业布局体系	重点突破与区域协调相结合；产业升级与产业融合相结合等等	加大旅游投入，拓宽融资渠道，提升产业素质等等
四川省	四川省“十二五”旅游业发展规划	优化产业布局，促进旅游产业集群发展	创新发展、集约发展、统筹发展、绿色发展	营造加强旅游业发展的政策环境
河北省	河北省“十二五”旅游业发展规划	打造特色资源集群，加快建设环京津七大休闲旅游产业集群	强化技术领先，推进集群发展	加强载体建设，强化区域合作，保障要素供给

续表

地区	政策文件名称	目标	基本原则	政策措施
福建省厦门市	厦门市旅游产业集群 2009 ~ 2015 年发展规划	以厦门旅游资源要素的空间组合、旅游企业分布、旅游流空间规律等为基础，进行全面布局和空间调整	发挥区域优势；旅游产业集群与发展循环经济相结合；旅游产业集群发展与旅游企业组织结构优化相结合	形成集群机制；营造集群优势；重视公共服务，建立三大保障机制
海南省	海南省现代服务业发展规划（2009 ~ 2020）	构建以旅游业为龙头，度假休闲购物、康复疗养、文化娱乐、房地产业为支撑的现代生活性服务体系	南北集群发展、东西协调推进、中部特色发展	建立公开透明的旅游旅行管理机制，开展现代服务业重点领域的综合改革试点，建立完善的服务业政策支持体系等

（一）施政方向的侧重点

可以说，目前还没有完整的旅游产业集群政策体系的制定框架。从我国目前出台的旅游产业集群政策或者是服务业集群政策中关于旅游产业集群的部分，可汲取大量经验。

1. 注重提高服务意识，完善服务体系。在旅游产业集群的发展过程中，政府扮演了重要角色。从根本上讲，政府扮演的应该是服务的角色，提供的是服务的政策。因此，促进旅游产业集群的发展，必须要有一个制度合理、意识强烈的服务体系。这种服务体系可以是由大量的咨询机构、中介服务机构组成。例如，科技成果交易中心、知识产权中心等等。此外，政府职能部门、行业部门的专门服务体系还可形成多家协作的形式，改变各自为政，自行其是的状况，发挥整体服务功能。

2. 着力建立多元的投融资体系。中小型旅游企业创业起点低，融资渠道窄，发展过程中易受到资金链的影响。针对这种情况，各地在旅游产业集群政策中鼓励建立相应的风险投资、担保公司，鼓励对中小型旅游企业注资。此外，还拓展了多种融资渠道，加强了担保支持，构建了金融单位、社会力量参与的金融支持体系，改善了对中小型旅游企业的金融服务。

3. 力争培育平等竞争的外部市场环境。旅游企业数量的集群并不一定能实现产业集群效应。从其他产业集群发展的实践看，实现旅游产业集群的根本力量应该是旅游市场。在广东、海南，旅游产业的集群多是在市场的推动下形成的。这些地区对旅游产业集群的培育不是从微观层面入手，而是着眼于市场环境的实质性变革，如行政手段松管，金融渠道放宽，市场机制搞活等等，实现企业间通过自我学习、自我创新形成的集群壮大。

（二）旅游产业集群政策的缺陷

从国内外旅游产业集群发展的成功经验看，我国旅游产业集群政策在指导原则、实施方案等方面存在一些突出问题。

1. 产业政策与集群政策区分不明。在研读各地“十二五”旅游产业发展规划或者“十二五”现代服务业发展规划后，可以发现其在政策制定的过程中没有区分主导产业和集群，某些地区仅仅是把产业政策“翻版”成为集群政策。例如，某地提出重点建设文化旅游集群，在保障措施一章中仅仅关注旅游部门，轻视对其产业链上下游环节的政策引导和支持。可以想象，这种政策对集群发展的形成与地区经济繁荣发展的作用是有限的。将产业政策“改装”成为集群政策，混淆了两种政策的内涵和外延，损伤了两种政策的不同效力。

2. 对主要相关利益群体关注不足。在旅游产业集群政策制定的过程中，较多地体现了政府相关部门的主观意愿。从产业集群的组成来看，不仅是区域空间内的旅游企业，还包括一些与旅游业发展密切相关的第三方组织、机构和社区组织、社区居民等等。旅游产业集群政策，解决的往往是这些环节之间的“节点”问题，是需要“自下而上”逐层梳理的，是需要动员基层力量的。但是，此点确实是旅游产业集群政策制定过程中较为欠缺的。

3. 发展目标模糊不清。从各地制定的促进旅游产业集群发展的政策体系看，旅游产业集群发展的量化标准和集群规模都有明确的指标。可以说，这种量化指标有利于旅游生产要素配置，有利于生产运作管理和目标考核。这种定量的目标管理充分体现了政策的进步性。但是，如果考量这些指标，可以发现对其内涵定义较窄，略显简单化。影响旅游产业集群发展的内在要素很多，不是简单几个目标可以概括的，而且有些素质不是通过简单的统计手段就可以确定的。因此，旅游产业集群的发展政策目标不能简单数字化，更要考虑其内在发展水平。

阅读材料：

某市旅游产业集群发展规划的总体目标

定性目标：旅游产业发展成为某市国民经济的支柱产业，成为双向互动的热点口岸城市，成为集旅游、会展商务和休闲度假为一体的国际知名的旅游目的地城市，成为集旅游目的地、旅游集散中心和口岸为一体的旅游中心城市。

定量目标：规划到2013～2015年，旅游产业链产值分别达到448亿元、547亿元，增长率分别为9%、11%，旅游产业增加值分别为243亿元、281亿元，增长率为8%、7%，旅游业贡献率分别为9.58%、9.61%。

4. 重单项企业支持，轻产业链维护。旅游产业集群的健康发展不是通过一个龙头企业、一个龙头产业实现的，而是以不同的产业集群共生共荣的状态进行的。如果对龙头产业的支持产业或者相关产业扶持力度不足，龙头产业也不可能发达。从某些省区专门针对旅游产业集群的政策来看，支撑的重点在于旅游企业。这种行为虽然突出了集群政策的重点，但是稍稍略显不公，而且较易打消其他类型企业入驻的积极性，造成社会资源的浪费。旅游产业集群政策的基准点应该在于形成旅游专业化的集群之上，构筑有动力支撑的生产系统和创新系统。

五、关于旅游产业集群政策的建议

旅游产业集群政策的制定和实施过程其核心就是政府、市场和第三方组织合理调配旅游资源，协调利益分配关系分配的过程。在旅游产业全球价值链分工的前提下，集群发展是构建核心竞争优势的关键所在。《2001 年世界投资报告》指出，产业集群已超越低成本优势成为吸引国际资本的主导力量，也成为区域经济竞争力的关键所在。我国旅游产业集群政策应该从世界旅游大环境入手，研究旅游消费趋向转移的趋势，依照后发优势、超前原则和动态发展的大方向，科学出台集群战略与集群政策，积极扶持旅游产业集群提升整体竞争力。

（一）以旅游产业集群政策代替单项旅游产业政策

如果考察我国旅游产业的发展现状，可以发现许多问题需要通过发展产业集群来解决。例如，产业关联度低、产业链脱节的问题。这种问题有可能导致旅游消费项目和相关产品、衍生产品无法形成共生发展的良好模式，必将对旅游产业的规模化效应产生负面影响。欲解决此等问题，可从布局旅游企业和相关行业的空间配置入手，合理构造产业链的结构布局，通过集群提升区域整体竞争实力。

传统的旅游产业政策重视的是旅游产业规模的扩张，极少从区域经济协调发展的角度考虑竞争力的问题，大型旅游企业或者组织往往是这种政策的实际受益者。当今社会，由单个大型企业主导的生产模式由于弹性较小，投资者更倾向于采用由中小型企业构成的网络型生产模式，企业间的竞争合作成为区域生产活动的根本动力。传统的旅游产业政策对旅游资源配置的倾向有可能削弱竞争，从而不利于旅游企业甚至整个旅游产业的动态发展。既然要构建具有竞争实力的旅游产业集群，并以利益关系网络来提升区域竞争力，就应把传统的产业政策转变成为更适应集群发展的集群政策。主要体现在：第一，把分散的、凌乱的企业进行区域合理布局，让其在空间上有利于利益关系网络的结成；同时，有利于对原有的基础设施进行改扩建，有利于旅游资源的节约配置。第二，将原有的行政管理体制转换成为适应于本集群的管理模式。要从政策提供型的市场支持转换为市场服务性的支持，力争降低交易成本，增强旅游产业集群的凝聚功能。

（二）注重吸引企业入驻的产业配套

广东、海南的旅游产业集群取得了较好的发展成绩，成为旅游产业集群发展的航向标。模仿不是发展旅游产业集群的首要目的。发展旅游产业集群是希望通过集群的发展来提升区域经济发展的持续竞争能力。这就要求在制定旅游产业集群政策时，充分考虑对具有核心竞争力的旅游企业的引入；同时注重对相关旅游研究机构、销售型企业甚至是外资的引入，以促进本地旅游企业的自主创新能力的提高。

在某些旅游产业集群内，“和而不合”的根本原因在于组织之间缺乏分工协作，共生空间有限。因此，有必要采取适当的政策加强各个利益群体的合作与对话，诸如建立畅通的信息平台、服务平台、技术转让平台等。

同时，也应该注意对集群内相关机构的培育，特别是旅游类院校培训机构、中介服务结构的参与。当市场难以提供公共产品的支持时，政府应担起责任。

（三）加强与外资的融合力度

建立或者加强与国外成功旅游产业集群或者旅游集团的外部联系，延伸至参与整个全球范围内的区域旅游合作，是提升旅游产业集群竞争力的内化路径。我国旅游产业集群尚属初生，与国外旅游产业集群发展有很大的历史差距。既然外部拥有更先进的管理理念和管理模式，我们在制定集群政策的过程中就可学习借鉴。不但要借鉴其管理理念，还要注重对跨国企业的吸引入驻，对国际旅游研发机构、销售中心甚至是地区总部的吸引入驻。这对促进本土旅游企业的学习、模仿和竞争，对于提高整体竞争力具有重要意义。

（四）注重对企业家和劳动力群体的再教育

任何类型的集群发展都需要具有开拓精神的企业家，需要具有学习能力的高素质员工，旅游产业集群更是如此。特别是建立在经济欠发展地区的旅游产业集群，更应该注重广泛的市场宣传和政策引导，培育具有开拓、创新精神的旅游人，培养具有高学习能力的旅游人。纵观历史上发展成功的集群，无不是由具有锐意进取的企业家领导的。如硅谷就是由同源于仙童半导体公司的企业家组建而成的，浙江、福建、广东的产业集群也是由民营企业家倡导的。

此外，旅游产业的服务类劳动密集型性质要求既要立足于本地供应的廉价劳动力，又要对劳动力进行持续的培训再教育，以积累可持续供应的劳动力资本。进行旅游产业集群劳动力的再培训可通过多种渠道进行。例如建立健全教育培训机构，成立专业教育团体，或者通过政策对员工培训进行补贴，或者通过与旅游院校合作成立正式教育机构等等。

阅读材料：

某区旅游产业集群“十二五”发展规划

1. 实施人才兴旅工程，扩大旅游教育规模，善育人才，善纳人才，善用人才，造就一支高素质旅游职工队伍。

2. 加强旅游人才市场建设，健全人才市场网络，建立人才信息交流平台，努力实现旅游人才资源市场化配置。

3. 营造科教兴旅、尊重人才氛围，完善激励机制。争取饭店管理、会展策划、邮轮经济、景区规划管理等专业化人才列入《××市急需紧缺人才引进目录》。

4. 发展旅游科研，推进旅游创新，以××大学等为骨干，加强对旅游经营、管理等方面的系统研究和理论创新，形成推进旅游业提升的强大科研基地。

（五）着力培养“龙头”，优化社会经济环境

产业经济学的相关理论说明，当某个产业的竞争力低于平均水平时，就可通过政府采购的方式加以扶持发展。既然我国旅游产业的整体竞争实力与发展动力、能力尚有欠缺，那么，相关政府就可有针对性地在某些特定集群扶持重点，实施项目带动战略，不断提高旅游集群项目在固定资产投资总量中的比重，提高旅游类重点项目在重点项目总数中的比重，帮助其进行技术的升级与改造，促进旅游制造类投资的较快增长，带动产业集群，增强经济发展后劲。

而且，需要针对旅游产业集群的发展特点来制定完善的法律法规，在机构设置、项目审批、基地建设和市场监管等方面进行必要的调整，以简化程序，增强服务意识，进而优化产业集群发展的创新环境。例如，提高政府机关的办事效率，减少中间环节，削减税费，降低企业的外部成本；降低创业门槛，发挥政府动员资源、集中资源的内在能力；逐步推进信用系统建设，推行信用报告制度等等。在着力优化集群的创新环境过程中，需根据区域特征出台相关引资措施，既要发挥区域优势，又要兼顾区域发展要求。

（六）营造创新氛围，构建良好调控环境

细密分工、紧密合作是集群得以存在的价值，互动创新是集群内企业发

展的动力。旅游产业集群的竞争优势来源于旅游类产品的独特性、高质性与服务的延续性，进而专业化分工、服务性协作与创新能力成为旅游产业集群发展的主要障碍。由此，政策的导向不能仅在提高旅游的产业和空间集中度之上，还要注意提升旅游产业的关联度。政府还可以通过政策工具，构建良好的调控环境，使各个行业的创新主体共生共赢。例如，建立适合创业、创新的制度环境，非正式的员工部门等服务项目。

阅读材料：

某市旅游业集群“十二五”发展规划

加大财政支持力度，通过贴息、补助的方式，支持引导核心（骨干）企业重大项目建设、配套中小企业项目建设、重点工业园区基础设施建设和公共服务平台建设。加大对产业集群企业技术自主创新投入。优先支持产业集群内突破行业技术瓶颈，形成产业链的共性技术、关键性技术研究和开发。加强项目建设的协调服务，对投资额较大的产业集群发展项目，统一纳入市政府重点项目管理，享受有关项目建设费用减免优惠待遇和重点保证产业集群发展项目用地需要。简化产业集群项目审批环节和审批手续，积极协助项目单位争取地方及国家有关部门支持。优化生产要素配置，优先保证产业集群重点企业煤、电、油、运等重要生产要素的供给。加强产业集群所在区域质量监管、诚信监督、知识产权保证、公平竞争等方面的制度建设，营造有序竞争的市场环境。注重创造和谐的人文环境，推进产业文化建设，培植诚信文化，促进产业融合发展。

（七）根据集群发展阶段，科学选择施政重点

旅游产业集群在动态的演进过程中，也会经历产生、成长、成熟和衰退的过程。在不同的发展阶段，集群内的集群个体具有不同的特征。旅游产业集群的政策要针对集群的不同发展阶段而制定，必须要具有针对性和延

续性。

在集群的产生阶段，集群内虽有一些企业聚集，但只是简单的“扎堆”，没有专业特色，没有形成利益关系网络。此时的集群政策应该集中在对产业链形成的培育、对利益关系网络形成的促进等方面，重点以产业政策来规划，重点关注集群内的基础设施建设。在旅游产业集群的成长阶段，产业特色已形成，利益关系网络已建成，外部效应较明显，但是对集群内的资源争夺日益激烈。此时的集群政策应着眼于协调资源的供应、利益关系的合理分配等等。在旅游产业集群的成熟阶段，产品特色稳定，利润空间变小，集群内的竞争是集群间以及集群企业间的主题。这时的政策可以立足于引导产业的升级、转变集群发展方向等等。在旅游产业集群的衰退阶段，有可能因为路径依赖而使产业生存空间大幅度减少。此时的政策可以在强化集群内分工，寻求与外部衔接等方面入手。

旅游产业的集群发展是一种自下而上、逐步发展的利益关系网络。通过政策手段可以克服交流障碍、合作障碍与资金障碍，但不可用政策取代市场机制。用政策引导必须要从顺应市场规律的角度进行，以促进市场机制发挥积极作用，营造良好的社会环境，培育旅游产业集群发展的内在机理。

参考文献

[1] *European Commission. Towards World – class Clusters in the European Union: Implementing the Broad – based Innovation Strategy* [D]. *Brussels*, 2009.

[2] *European Commission. The Concept of Clusters and Cluster Policies and Their Role for Competitiveness and Innovation: Main Statistical Results and Lessons Learned SEC (2008) 2637* [M]. *Brussels*, 2008.

[3] *Oxford Research. Cluster Policy in Europe : A Brief Summary of Cluster Policies in 31 European Countries* [M]. *London*, 2008.

[4] *Ecotech Research and Consulting. A Practical Guide to Cluster Development* [M]. *London: Department of Trade and Industry*, 2004.

[5] *SLVELL, G LINDQVIST, C KETELS. The Cluster Initiative Greenbook* [M]. *Stockholm: Ivory Tower*, 2003.

[6] *European Commission. European Cluster Memorandum* [M]. *Brussels*, 2008.

[7] *European Commission. Innovation Clusters in Europe: A Statistical Analysis and Overview of Current Policy Support* [R]. *Luxembourg*, 2007.

[8] *Rosenfeld SA. Over achievers; Business Clusters That Work, Prospects for Regional Development* [M]. *Chapel Hill, NC: Regional Technology Strategies, Inc.*, 1996.

[9] *Michael E Porter. Clusters and the New Economics of Competition* [J]. *Harvard Business Review*, 1998, *Nov – Dec.*

[10] *Andy C Pratt. Creative Clusters: Towards the Governance of the Creative*

Industries Reduction System? [*R*]. *Paper re-submitted to Media International Australia incorporating Culture and Policy 2004*, *6*: *1-29.*

[*11*] *Fernando Alberti. The Governance of Industrial Districts*: *A Theoretical Footing Proposal* [*R*]. *iuc Papers. Serie Piccolo a Media Impresses 5*, *No. 82. 2001*: *1-31.*

[*12*] *Peter De Langen. Governance in Seaport Clusters. Maritime Economics & logistics* [*J*]. *2004* (*6*): *141-156.*

[*13*] 陈少华：产业集群治理研究. 北京：经济管理出版社，*2007*。

[*14*] 李恒：模块化生产的激励机制与产业集群治理. 北京：商业经济与管理. *2006* (*5*)：*41-45*。

[*15*] 李亦亮：我国企业集群发展问题及其解决路径. 安庆：安庆师范学院学报：社会科学版，*2006* (*1*)：*85-89*。

[*16*] 刘友金，徐尚昆. 田银华：集群中的企业信任机制研究——基于种群互相回报式合作行为博弈模型的分析. 北京：中国工业经济，*2007* (*11*)：*56-63*。

[*17*] 王淑贤：基于需求冲击分析的产业集群治理机制. 当代经济科学，*2006* (*1*)：*22-28*。

[*18*] 魏守华：企业集群中的公共政策问题研究. 当代经济科学，*2001* (*6*)：*52-57*。

[*19*] 杨慧：产业集群治理结构探析. 科学学研究，*2007* (*8*)：*682-686*。

[*20*] 俞可平：治理与善治. 北京：社会科学文献出版社，*2000*：*96*。

[*21*] 郑建伟，万君康，陈剑锋：基于产业集群的治理结构创新研究. 武汉理工大学学报：信息与管理工程版，*2004* (*3*)：*123-126*。

[*22*] 朱华友，丁四保：产业集群治理：一个基于浙江省企业社会责任实证的视角. 经济地理. *2006* (*11*)：*997-1000*。

[*23*] 刘世锦：产业集群蓝皮书——中国产业集群发展报告（*2007~2008*）. 北京：中国发展出版社，*2008*。

［24］刘芹，樊重俊：全球化背景下的我国地方产业集群升级研究．改革与战略，2008（2）：108－109。

［25］卢福财，胡大立：产业集群与网络组织．北京：经济管理出版社，2005。

［26］孟卫兵：产业集群现象的成因及经济学分析．改革与战略，2007（6）：19－21。

［27］王缉慈等：创新的空间——企业集群与区域发展．北京：北京大学出版社，2001。

［28］吴德进：产业集群论．北京：社会科学文献出版社，2006。

［29］朱英明：中国产业集群分析．北京：科学出版社，2006。

［30］王淑英：产业集群形成与演化的制度因素，北京：光明日报，2008年9月21日。

［31］陈刚、陈红儿：区域产业转移理论探微，贵阳：贵州社会科学，2004（4）。

［32］李秀敏、张见：我国制造业梯度推移粘性研究，广州：广东社会科学，2008（1）。

［33］汪斌、侯茂章：地方产业集群国际化发展与区域创新体系的关联研究——基于生命周期和全球价值链的视角，北京：财贸经济，2007（3）。

［34］范美岩：论“竞次”现象在中国的表现及其形成原因，北京：北京城市学院学报，2008（6）。

［35］吴翔阳：企业创新动力的政府行为，北京：国家行政学院学报，2008（6）。

［36］王军：产业组织演化：理论与实证，北京：经济科学出版社，2008。

［37］庄军：旅游产业集群研究．华中师范大学，2005. 5。

［38］冯卫红：旅游产业积聚的动因分析．经济问题，2009. 7。

［39］李鹏飞：旅游产业集群：理论与现实的探讨．经济地理，2009. 7。

[40] 刘应杰：实施旅游发展国家战略把旅游业发展成为我国综合性的大产业，国务院研究室 http://www.yzlyw.com/portal.php?mod=view&aid=19706。

[41] 李伦富：我国旅游产业集群的障碍及突破策略. 中国集体经济，2009.2。

[42] 林邡：县域旅游产业积聚探讨——以福建永安旅游业为例. 厦门大学，2008.7。

[43] 邓冰，俞曦，吴必虎：旅游产业的集聚及其影响因素初探. 桂林旅游高等专科学校学报，2004.12。

[44] 王兆峰：旅游产业集群形成条件与识别方法. 地域研究与开发，2009.6。

[45] 余晓龙：我国旅游产业集群的培育与发展策略研究. 西南财经大学，2006.4。

[46] 越圆：基于生态足迹的成吉思汗陵旅游区可持续发展研究. 昆明理工大学，2012.2。

[47] 张秀卿，田东方：阿尔山市旅游业发展 SWOT 分析与对策. 干旱区资源与环境，2011.3。

[48] 耿巍娜，张磊：河北省旅游产业集群发展路径分析. 燕山大学学报（哲学社会科学版），2010.6。

[49] 王淑华：大城市环城游憩带发展态势研究. 城市问题，2006.1。

[50] 况学东：南宁市发展环城游憩带的 SWOT 分析. 茂名学院学报，2009.12。

[51] 阳国亮，乔海燕：发展桂林环城游憩带的战略思考. 改革与战略，2007.8。

[52] 宋博，郑向敏：论乡村旅游产业集聚化发展. 浙江旅游职业学院学报，2009.3。

[53] 丁培卫：近 30 年中国乡村旅游产业发展现状与路径选择. 东岳论丛，2011.7。